Knobloch · Widdau

Was ist und was soll Political Correctness?

[Was bedeutet das alles?]

Jörn Knobloch

Christoph Sebastian Widdau

Was ist und was soll Political Correctness?

Reclam

RECLAMS UNIVERSAL-BIBLIOTHEK Nr. 14494
2024 Philipp Reclam jun. Verlag GmbH,
Siemensstraße 32, 71254 Ditzingen
Gestaltung: Cornelia Feyll, Friedrich Forssman
Druck und Bindung: Esser printSolutions GmbH,
Untere Sonnenstraße 5, 84030 Ergolding
Printed in Germany 2024
RECLAM, UNIVERSAL-BIBLIOTHEK und
RECLAMS UNIVERSAL-BIBLIOTHEK sind eingetragene Marken
der Philipp Reclam jun. GmbH & Co. KG, Stuttgart
ISBN 978-3-15-014494-7

www.reclam.de

Inhalt

1 Zur Sache

Pippi Langstrumpf, die Heldin aus den Kinderbüchern der Schriftstellerin Astrid Lindgren (1907–2002), nennt ihren Vater »Negerkönig« (»negerkung«). Darf sie ihn so nennen? Oder sollte sie ihn beispielsweise als »Südseekönig« bezeichnen, wie es seit Längerem in deutschsprachigen Ausgaben der Fall ist, weil diese Bezeichnung als unproblematisch gilt?

In der deutschen Hauptstadt Berlin wird seit Jahren darum gestritten, ob die im Bezirk Mitte liegende »Mohrenstraße« umbenannt werden soll oder nicht. Einige halten den Begriff des »Mohren« für ein Relikt rassistischen und kolonialistischen Gedankengutes, das zu tilgen ist. Muss man also die Straße umtaufen? Oder sollte der altbekannte Name erhalten bleiben?

In einigen liberalen Demokratien wird darüber diskutiert, ob Statuen von historischen Persönlichkeiten, deren Handlungen und Einstellungen heute als verwerflich gelten, aus der Öffentlichkeit entfernt werden sollen. Müssen öffentliche Plätze und Gedenkstätten umgestaltet werden? Oder sollten die Statuen unangetastet bleiben, weil sie und die Dargestellten Teil der eigenen, wie auch immer gearteten Geschichte sind, an die es zu erinnern gilt?

An der Europa-Universität Flensburg wurde im Sommer 2023 darüber diskutiert, ob die kurz zuvor erfolgte Entfernung der Gartenplastik »Primavera« aus einem Gebäude der Hochschule angemessen sei. Fritz Durings (1910–1993) Skulptur stellt eher abstrakt eine unbekleidete Frau dar, die, so deren Kritiker, ein Frauenbild repräsentiere, das den gesellschaftlichen Wertvorstellungen der Universität nicht entspricht. Der Gleichstellungs- und Diversitätsausschuss der Universität hatte erfolgreich beantragt, »Primavera« umzustellen. Ist der Abbau Beleg für eine angemessene Sensibilität oder für eine unangemessene Überempfindlichkeit?

Der Aufklärungsphilosoph Immanuel Kant (1724–1804) wird inzwischen von einigen als Rassist bezeichnet. Ist in Neuausgaben seines Werkes immer deutlich darauf hinzuweisen, dass dann, wenn man aktuelle normative Maßstäbe heranzieht, Kant (geht man nach einigen Äußerungen aus seiner Frühzeit) Rassist war? Oder wäre es akzeptabel, auf diesen Kommentar zu verzichten? Oder sollte man ihn als eine Fußnote setzen, weil er für die Analyse von Kants Philosophie letzten Endes womöglich nur nebensächlich ist?

Ein letzter Fall: Im Mai 2023 trat der Tübinger Oberbürgermeister Boris Palmer (*1972) aus der Partei Bündnis 90 / Die Grünen aus und legte sein Amt für einen Monat nieder, nachdem er in einer Veranstaltung den Begriff »Neger« (heute meist umschrieben als »N-Wort«) benutzt hatte und dafür heftig kritisiert worden war. Die Erwähnung eines Begriffs, der im deutschen Sprachraum noch vor Kurzem gebräuchlich war und heute tabuisiert ist, erhitzte die Gemüter. Erfuhr der Politiker angemessene Reaktionen auf die Nennung?

Dies sind wohlbekannte Fälle, an denen exemplarisch gezeigt werden kann, wie in liberalen Demokratien wie der Bundesrepublik Deutschland um politisch korrektes Sprechen und politisch korrektes Darstellen gerungen wird – oft erbittert, unversöhnlich, sogar feindselig.

Diese Fälle, die mit dem öffentlichen Sprechen über etwas, dem öffentlichen Bezeichnen von etwas, der öffentlichen Darstellung und Zurschaustellung von etwas und der Frage nach der politisch relevanten moralischen Angemessenheit des Sprechens, Bezeichnens, Darstellens und Zurschaustellens zu tun haben, gelten als Fälle von Political Correctness.

In ihnen geht es um Kontroversen darüber, wie man etwas auszudrücken hat; wie man sich ausdrücken darf und soll; was man öffentlich sagen und zeigen darf und was nicht; ob und wie man dies in der Gesellschaft regeln darf und soll. In all diesen Fällen wird darum gestritten, wie die Angemessenheit des öffentlichen Gebrauchs von Begriffen, Ausdrücken und Symbolen zu bestimmen und ihr Gebrauch zu regeln ist.

Worum es geht

Entsprechende Regeln legen Rahmenelemente öffentlicher Diskussionen und Darstellungen fest. Anders ausgedrückt: Mit ihnen werden Diskussionen und Darstellungen normiert. Solche Normierungen werden sowohl von ihren Gegnern als auch von ihren Befürwortern unter dem Begriff der Political Correctness gefasst.

In seiner wechselvollen Geschichte wurde der Begriff »Political Correctness« selbst zu einem Kampfbegriff. Heute wird der zwischen gesellschaftlichen und politischen Lagern hin- und hergespielte Begriff häufig und vermutlich zumeist von Gegnern der Political Correctness aus dem rechten politischen Spektrum verwendet, jedoch nicht nur von ihnen.

Das Hauptanliegen von Vertretern der Political Correctness besteht darin, zu normieren, wie man sich öffentlich äußern darf und wie man sich äußern soll, um allen Diskursteilnehmenden als solchen gerecht zu werden und nicht politisch diskriminierend zu sprechen und zu handeln oder jemanden auszuschließen bzw. zu exkludieren. Es geht um den Schutz von Minderheiten und um den Schutz Marginalisierter.

Regeln der Political Correctness sind aus der Sicht derjenigen, die sie aufstellen, solche, an die man sich halten muss, wenn man sich moralisch angemessen am öffentlichen Diskurs beteiligen möchte.

Regeln der Political Correctness sollen die am gesellschaftlichen Leben und am öffentlichen Diskurs Beteiligten vor Diskriminierungen schützen, damit ihre Position im Dialog nicht von vornherein, also vor jeder inhaltlichen Auseinandersetzung, geschwächt wird und sie nicht abgewertet oder gar erniedrigt werden.

Wie in dem Fall des Tübinger Oberbürgermeisters soll beispielsweise die Regel, den einst gängigen Begriff »Neger« nicht mehr nennen zu dürfen, die rassistische Abwertung von Menschen mit dunkler Hautfarbe verhindern. Mit dieser Regel soll sichergestellt werden, dass Menschen mit unterschiedlichen Hautfarben, also mit physischen Merkmalen, die an sich politisch und moralisch irrelevant sind, aber nicht immer so behandelt werden, im öffentlichen Diskurs gleich geachtet werden.

Bricht man diese Regeln, die nur zum Teil größeren Kreisen, in Gänze oft aber nur Kreisen von Spezialisten bekannt sind, kann es einem widerfahren, nicht nur kritisiert und womöglich juristisch sanktioniert zu werden, sondern auch, öffentlich auf heftige Ablehnung zu stoßen. Vertreter der Political Correctness können etwa versuchen, die Person, deren Rede und Handlungen sie missbilligen, zu canceln, sie also aus der Öffentlichkeit zu verbannen und zur unerwünschten Person zu erklären.

Ein bekannter Fall ist der der englischen Schriftstellerin Joanne K. Rowling (*1965), der Verfasserin der *Harry-Potter*-Romane: Ihr wird sogenannte Transfeindlichkeit vorgeworfen. Ihre Äußerungen über Transgeschlechtlichkeit lösten teils heftige Reaktionen aus.

Jene, die jemanden direkt oder indirekt diskriminieren oder diskriminiert haben, sollen, weil sie sich nicht an die Regel hielten oder halten, als Regelbrechende bestraft werden. Vertretern der Political Correctness scheint es dabei oft gleichgültig zu sein, wann die Regelbrechenden gelebt haben; unter welchen Umständen sie gelebt haben oder leben; angesichts welcher Konventionen sie gelebt haben oder leben; in welchem Kulturraum sie gelebt haben oder leben.

Hochproblematisch und kompliziert wird es, wenn Menschen mit dunkler Hautfarbe sich selbst bewusst als »Neger« oder, schlimmer noch, als »Nigger« bezeichnen. Denn diese Art selbstironischer Identifikation sprengt bereits einfache Begründungen der Political Correctness, denen zufolge niemand von jemandem als »Neger« oder als »Nigger« bezeichnet werden darf bzw. die Begriffe überhaupt nicht mehr gebraucht werden dürfen.

Heute ist politisch korrektes Sprechen zu einer wirkmächtigen Praxis der Regelbefolgung geworden, die alle, die sich am öffentlichen Diskurs in liberalen Demokratien beteiligen, auf ihre Einhaltung zu verpflichten sucht.

Frontstellungen

Angesichts des großen Einflusses der Political Correctness gilt es mehr denn je, sie politisch-philosophisch und kulturtheoretisch einzuordnen. Zweifelsohne ist dies bereits oft geschehen.

Eine Vielzahl informativer, aber auch polemisierender Beiträge zu diesem Thema belegt nicht nur das öffentliche Interesse an dem Phänomen, sondern auch, dass anscheinend unauflösbar Frontstellungen bestehen: Man ist entweder für Political Correctness oder gegen sie, dafür oder dagegen, und zwar jeweils ganz und gar.

Wir gehen in dem vorliegenden Essay davon aus, dass noch Neues über Political Correctness gesagt werden kann; dass man genauer über die Möglichkeit des *Dazwischen* nachdenken sollte; dass einiges von dem, was nicht neu ist, stärker in den Fokus gerückt werden sollte; dass der Streit um Political Correctness in liberalen Demokratien angesichts seiner historischen, multiperspektivischen und politisch-praktischen Dimensionen versachlicht werden sollte. Für all das muss man der Political Correctness analytisch und kritisch gerecht werden.

Man sollte sich nüchtern mit dem Phänomen auseinandersetzen, um den Streit, der zu einem Kulturkampf ausgewachsen ist, befrieden zu können und nicht in Frontstellungen zu verharren.

Die Sorge, selbst gecancelt, böswillig, falsch oder verkürzend zitiert oder irrtümlich dem einen oder dem anderen Lager in dem Streit um Political Correctness zugeordnet zu werden, hat zur Folge, dass manche versuchen, sich dem Streit so weit wie irgend möglich zu entziehen.

Wer dies als feige abtut, macht es sich zu leicht. Es mag sich nur um Einzelfälle handeln, in denen sich zu entziehen versucht wird, doch sind sie ein bedrohliches Anzeichen für die Debattenkultur in liberalen Demokratien.

Wir halten es für unabdingbar, ausgleichend an das Phänomen Political Correctness heranzutreten. Voreingenommene Leser werden einige unserer Ausführungen missverstehen wollen. Damit müssen wir leben und können es. Nicht über das Phänomen zu sprechen, ist eine schlechte Alternative, und zwar unter anderem deswegen, weil der Streit um Political Correctness mehr ist, als er auf den ersten Blick zu sein scheint. Er steht nämlich nicht nur für sich, sondern repräsentiert auch weitere polarisierende Konflikte, die zu Themen wie »Migration und Integration« und »Klimaschutz« schwelen, und denen man sich als Bürger kaum entziehen kann.

Der Streit um Political Correctness ist mehr als *ein* Streit um *ein* bestimmtes Thema. Political Correctness ist sowohl selbst ein Streitpunkt als auch ein Element anderer Streitpunkte. Der Streit um Political Correctness hat sich sogar zu einem Kulturkampf gemausert und ist selbst ein Bestandteil anderer Kulturkämpfe.

Jede weitere Eskalation des Streits birgt Gefahren in

sich: Denn wenn sich in einem Streit Widersacher unversöhnlich gegenüberstehen, dann fördert dies die Erosion einer der zentralen Fähigkeiten liberaler Demokratien, nämlich die Fähigkeit, politische Konflikte beizulegen, indem ein Ausgleich zwischen verschiedenen Interessen geschaffen wird. Die Unversöhnlichkeit bedingt eine Entwicklung, die ordnungsgefährdend ist.

Befunde

Fünf Gründe sprechen dafür, sich heute eingehend mit Political Correctness zu beschäftigen:

1. Political Correctness ist praktisch bedeutsam. Sie ist nicht mehr nur ein akademisches Phänomen, nicht ausschließlich eine Sache für Spezialisten. Sie ist nicht mehr bloß das Thema einer esoterischen Subkulturszene. Sie ist nicht mehr bloß für ihre radikalen Befürworter und ihre radikalen Gegner relevant. Sie ist im Alltag auch derjenigen angekommen, die von dem Begriff »Political Correctness« womöglich noch nie gehört haben.

Regeln der Political Correctness wie die, dass Stellenausschreibungen geschlechtsneutral abzufassen sind, haben sich durchgesetzt. Die Missachtung der entsprechenden Regeln kann nicht nur moralische, sondern sogar juristische Folgen haben. Der Streit um Political Correctness ist nicht einer um ein Phantom. Political Correctness wirkt.

2. Der Bezugsrahmen von Political Correctness weitet sich immer mehr aus. Sie bezieht sich heute nicht mehr nur auf Regeln, mit denen festgelegt wird, wie gesprochen werden darf und wie gesprochen werden soll. Der Begriff

»Political Correctness« ist zu einem umfassenderen Begriff der Kulturkritik geworden.

Als Kultur begreifen wir im Folgenden die Gesamtheit impliziten und expliziten Wissens, das Mitglieder von Gemeinschaften und Gesellschaften abhängig von Raum und Zeit durch ihre soziale Praxis miteinander teilen. Es ist simultan Resultat und Voraussetzung der Praxis.[1]

Vertretern der Political Correctness geht es nicht mehr bloß um Sprache, sondern auch um Handlungen, Lebensstile und sogar die Erinnerungskultur wie in dem Fall der Entfernung von Statuen aus dem Stadtbild. Es wird gefragt, ob man Statuen von Persönlichkeiten, die angeblich zu ächten sind, beseitigen soll; ob man so handeln soll, dass Figürliches nicht mehr zu sehen sein wird und nicht mehr angefasst werden kann.

Diese Ausweitung des Bezugsrahmens folgt einer umfassenden Kulturalisierung der Gesellschaft, mit der Kultur eindringlich reflektiert, bewertet und beurteilt sowie normativ und ästhetisch aufgeladen wird.[2] Immer mehr Bereiche des kulturellen Lebens werden einbezogen. Vor dem Hintergrund von Political Correctness werden Lebensstile hinterfragt, die zuvor nicht im Blickpunkt kultureller Kritik standen.

Manche halten es nun für angemessen, diejenigen, die Tierfleisch essen oder bestimmte Urlaubsorte aufsuchen, dahingehend anzugreifen, dass sie sich nicht politisch korrekt verhalten würden. Inzwischen kann man anscheinend nicht nur politisch inkorrekt sprechen, sondern auch politisch inkorrekt handeln.

3. Political Correctness wird immer intoleranter umzusetzen versucht. Sie drängt grundsätzlich gesehen darauf,

beachtet und geachtet zu werden. Denn würde ihr dies versagt, würde das, was moralisch angeblich abzulehnen sei, gesellschaftlich relevant bleiben. Dies können und wollen Vertreter der Political Correctness nicht hinnehmen.

Wenn sie dies aber nicht hinnehmen können, scheint es der Fall zu sein, dass Kompromiss und Toleranz ausgeschlossen sind. Tolerant zu sein bedeutet, die Existenz von etwas zu dulden, das man ablehnt. Wenn man ohne Abstriche auf seinem Standpunkt beharrt und ihn allein als akzeptabel erachtet, ist das keine gute Grundlage für den öffentlichen Diskurs.

Im Zusammenhang mit Political Correctness geht es allerdings um etwas anderes als um die bloße Duldung abweichender Meinungen. Aus der Sicht der Vertreter von Political Correctness geht es um Wahrheit. Man erkennt das Richtige, oder man erkennt es nicht. Jene, die das Richtige (angeblich) nicht erkennen, sollten keine Regeln für das öffentliche Sprechen und Handeln festlegen oder ihren falschen Regeln unhinterfragt folgen dürfen.

Soll eine Gesellschaft moralisch angemessen bestimmt sein, so anscheinend die radikale Ansicht der Anhänger der Political Correctness, dann muss sie entsprechend der Einsicht in das (vermeintlich) Richtige eingerichtet werden.

4. Political Correctness wird zunehmend als Mittel zur umfassenden Prävention attraktiv. Das ursprüngliche Ziel der Political Correctness bestand darin, zu gewährleisten, dass alle Menschen politisch als gleich anerkannt und angesprochen werden, weil dies moralisch angemessen sei. Heute scheint diese Denkweise deswegen anziehend zu sein, weil sie eindeutig und nicht relativierend oder unsicher auftritt.

Angenommen, man wüsste, was moralisch für alle angemessen ist: Warum sollte man es dann nicht *ein für alle Mal* durchsetzen? Für Vertreter der Political Correctness gibt es unabhängig vom jeweiligen Kontext moralisch richtiges und falsches Sprechen und Handeln. Anscheinend wissen sie, was richtig und was falsch ist, und können die Gesellschaft mit dieser Kenntnis vor Schlechtem bewahren.

Political Correctness kommt somit einem Bedürfnis nach Sicherheit entgegen. Dieses Bedürfnis übersteigt allerdings das generell bestehende Bedürfnis von Menschen in einer Gesellschaft, überhaupt Vorschriften zur Orientierung zu haben. Anscheinend geht es hierbei vor allem darum, öffentlich für die gesamte weitere Zukunft, ahistorisch und zeitunabhängig, nicht mehr moralisch verunsichert zu sein, ja nicht einmal mehr verunsichert werden zu können.

Damit scheint Political Correctness ein Mittel zu sein, um das Ideal einer Gesellschaft durchzusetzen, in der Prävention als besonders wichtig gilt: Gefahren jeglicher Art sollen durch vorausschauendes Handeln und die Aufklärung der Bevölkerung ausgeschlossen werden. Gesellschaftliche Probleme sollen ein für alle Mal verhindert werden, indem man sie gar nicht erst entstehen lässt.

5. Political Correctness und ihre Kritik müssen überdacht werden. Einige Gegner der Political Correctness gehen davon aus, dass sie *vollumfänglich* abzulehnen ist. Muss man jedoch einem Schwarz-Weiß-Denken verfallen?

Ist es fallunabhängig falsch, im Namen von Political Correctness Statuen zu stürzen, Straßennamen zu ändern oder eine umstrittene Gendertheorie durchzusetzen? Gibt es nicht doch etwas, das Gegner der Political Correctness, die deren Anliegen oft pauschal zurückweisen, ernsthafter als bislang in Betracht ziehen sollten? Ist an Political Correctness nicht vielleicht doch etwas dran, das selbst sie akzeptieren könnten?

Wie wir vorgehen

Im zweiten Kapitel untersuchen wir das Phänomen Political Correctness in definitorischer und in historischer bzw. genetischer Hinsicht. In der Gegenwart spielt der Streit um Political Correctness eine bedeutende Rolle als Kulturkampf. Um zu verstehen, warum das so ist, müssen wenigstens exemplarisch einige begriffliche und historische Bedingungen der Political Correctness aufgezeigt werden.

Im dritten Kapitel sprechen wir zwei Punkte an, die in der Debatte über Political Correctness zu wenig beachtet werden. Der erste Punkt ist dieser: Bemerkenswert ist, dass Political Correctness so aufgefasst werden kann, dass sie liberalem Denken entspricht und gleichzeitig nicht entspricht. Pro und Contra erwachsen aus dem Liberalismus. Der Streit um Political Correctness in Deutschland wird, so behaupten wir, nicht nur, aber vor allem von im Prinzip Gleichgesinnten geführt.

Diese These ist sicherlich hochumstritten und erklärungsbedürftig. Wäre sie zutreffend, würde mit ihr allerdings die Hoffnung genährt werden, den Streit schlichten zu können. Doch wie kommt es zu dem Streit unter Gleichgesinnten? Dies müssen wir klären.

Der zweite Punkt ist dieser: Vertreter der Political Correctness propagieren eine Auffassung, in der die Beurteilung, dass etwas politisch korrekt sei, zentral ist. Kann aber etwas »politisch korrekt« sein? Wir prüfen, ob dies so ist. Dafür müssen wir auf den Liberalismus zurückkommen.

Im vierten Kapitel geht es um das, was wir die politische Kultur der Political Correctness nennen. Wir besprechen, wie Political Correctness in der liberalen Demokratie wirkt und weswegen es so schwierig ist, den Streit um sie, der zum Kulturkampf geworden ist, zu schlichten.

Im fünften Kapitel legen wir dar, dass der Streit um Political Correctness als ein Streit um die *richtige* Liberalisierung des Liberalismus gedeutet werden kann. Einerseits steckt der Liberalismus in einer Krise, die er selbst hervorgebracht hat, andererseits wird versucht, diese mit konkurrierenden Ansätzen liberalen Denkens zu überwinden.

Im sechsten Kapitel stellen wir zukunftsorientiert die Frage, welcher Korrekturen der Streit um Political Correctness bedarf, um gemäßigt werden zu können. Wir plädieren dafür, den Streit *republikanisch* zu befrieden, um einerseits dem Anliegen der Political Correctness gerecht zu werden und andererseits, damit sich gesellschaftlich bedrohliche Kulturkämpfe nicht weiter verschärfen.

2 Geschichte und Begriff

Wenn wir in diesem Essay über Political Correctness sprechen, dann meinen wir ein Phänomen, das seit der zweiten Hälfte des 20. Jahrhunderts in liberalen Demokratien eine Rolle spielt. Zuerst tauchte es im Zusammenhang mit Diskriminierungen und der Diskussion um politische Gleichheit in den USA auf.

Üblicherweise geht man heute davon aus, dass Grundannahmen der Political Correctness an Hochschulen der Vereinigten Staaten von Amerika entwickelt wurden. Der US-amerikanische Campus der 1980er Jahre, auf dem *speech codes* entwickelt wurden, um für sprachlich bedingte Diskriminierungen zu sensibilisieren, gilt als wichtiger Treiber der Political Correctness.

An deutschen Universitäten war das Phänomen zu dieser Zeit noch nicht oder nur selten anzutreffen. Erst nach und nach erreichte es auch die hiesigen Hochschulen.

Abseits universitären Austauschs war es der Hip-Hop, der das Thema aufbrachte. Mit dessen beispielhaftem Einfluss versuchen wir im Folgenden darzulegen, was es mit der Political Correctness auf sich hat. Wir richten den Blick auf die musikalisch gestützte Einfuhr des Phänomens nach Deutschland, um die ursprüngliche Fokussierung der Political Correctness auf die Reglementierung von Sprache zu deuten.

Vertreter der Political Correctness problematisieren vor allem den angeblich inkorrekten Gebrauch von Begriffen. Doch ist der eigentliche Gebrauch oft umstritten und wandelt sich immerzu. Da Political Correctness einen solchen Disput über den Gebrauch – der nicht für alle Zeit beigelegt werden kann, weil sich die Sprache andauernd entwickelt – nicht beendet, verselbstständigt sich der Versuch, ihn als korrekt oder inkorrekt zu bestimmen. Dies wirkt sich unmittelbar auf die Kritik der Sprachkritik aus.

Es kommt zu einem Übergang von einer *starken* zu einer *schwachen* Kritik, die immer unschärfer wird. Dies erläutern wir, um die Entwicklung von einer rein an der Sprache orientierten Political Correctness zu einer alle kulturellen Praktiken betreffenden Kulturkritik nachzuzeichnen.

Import durch Sprechkunst

Der aus den USA importierte Hip-Hop und dessen Rezeption sorgten im linksalternativen Diskurs der Bundesrepublik Deutschland für die Sensibilisierung, politisch korrekt sprechen und handeln zu sollen. Bereits in den 1980er Jahren hatte es einen ersten Hype um den Hip-Hop gegeben, doch erst später wurde diese Musikrichtung anhaltend populär. Zwei Punkte sind in diesem Zusammenhang besonders wichtig:

1. In den 1980er und 1990er Jahren gab es in Deutschland keine ähnlich tiefgreifenden rassistisch fundierten Erfahrungen von politischer Ungleichheit wie in den USA. Das soll nicht heißen, dass es hierzulande keinen Rassismus gegeben hätte. Doch lässt sich die US-amerikanische Konstellation sowohl historisch als auch strukturell gesehen nicht mit der deutschen gleichsetzen.

Musiker des Hip-Hops konfrontierten das Publikum künstlerisch mit der rassistisch begründeten Ungleichheit im Alltag der USA. In der Bundesrepublik, in der es diese

Ungleichheit in weit geringerem Ausmaß gab, konnte dies naturgemäß viel weniger identitätsbildend wirken. Demnach waren die Chancen eher gering, das Phänomen Political Correctness direkt auf die bundesrepublikanischen Verhältnisse zu übertragen. Emanzipatorische Konzepte wie der Afrocentrism waren kaum anschlussfähig.

2. In den 1980er und zu Beginn der 1990er Jahre war Hip-Hop in Deutschland eine Randerscheinung und noch kein Element einer globalen Jugendkultur. Er galt als eher exotisch.

Hip-Hop unter Linken

Zu den Ersten, die sich für die politische Botschaft des Hip-Hops interessierten, gehörten Vertreter des linksalternativen Milieus, Kunstkritiker und Kulturtheoretiker, die versuchten, die in der Populärkultur angelegte Kritik an kapitalistischen Gesellschaften offenzulegen. Ihrer Ansicht nach verbirgt sich im *musikalischen Lärm* der Popkultur auch ein *sozialer Lärm*, der ästhetisch Dissidenz und Differenz »als Subversion der kulturindustriellen Stupidität und Ähnlichkeit« ausdrückt.[3]

Linksalternative interpretierten den Hip-Hop im deutschen Kontext als einen Angriff auf die ironische Bequemlichkeit ihrer eigenen Gesinnungsgenossen, nutzten ihn mithin zur Selbstkritik. Sie hatten sich als politische Erben der sogenannten Achtundsechziger in den 1980er und 1990er Jahren erfolgreich von allem Elend der Welt distanziert und sich durch ihre ironische Weltsicht gegen den Drang zu politischen Mobilisierungen immunisiert.

Ihre Passivität war allerdings keine Folge von Ignoranz: Sie strebten bloß, in ironisierender Attitüde, nach Distanz. Nach wie vor war der linksalternative Diskurs für alle Ungerechtigkeiten der Welt sensibilisiert, führte die Diskussion über die vermeintliche Krise des Kapitalismus fort und entwickelte anschlussfähige Entwürfe einer kritischen Gesellschaftstheorie.

Der Journalist Diedrich Diederichsen (*1957), der vor allem durch seine Beiträge in der inzwischen eingestellten Zeitschrift *Spex* bekannt wurde, verstand Political Correctness als Plädoyer dafür, die Bequemlichkeit der Achtundsechziger fundamental zu kritisieren und sich wieder der harten Wirklichkeit mit allen politischen Ungleichheiten zuzuwenden, wie sie im Hip-Hop angeprangert werden.

Im Hip-Hop werden politische und moralische Forderungen erhoben, denen die Deutung von Teilen der Bevölkerung als Opfer oder als Täter, als Marginalisierte oder als Privilegierte zugrunde liegt. Als politisierte Musik bestimmter Gruppen grenzt sie sich gegen Haltungen und Ansprüche anderer Gruppen ab.

Diederichsen behauptete nun, dass die enorme Alltagsdistanz zwischen denen, die in Deutschland Hip-Hop-Musik hören, und den Künstlern und ihren lebensweltlichen Problemen einen besonderen »Genuss« ermöglicht.[4] Hip-Hop erlaube es, die »eurozentristische und Mittelklasse-Selbstbezogenheit« vermittelt über die Musik aufzubrechen, um willkürliche Behauptungen, Benennungen und Vorschriften als solche zu entlarven und durch vermeintlich korrekte Versionen zu ersetzen.

Dadurch konnten bislang ausgeschlossene Gruppen in der Öffentlichkeit Gehör finden – auch andere als jene, die in den USA diskriminiert und marginalisiert wurden. Die durch den Hip-Hop beförderte Political Correctness leistet, so Diederichsen, eine ästhetische Erneuerung der Sprache, die allen einen Platz einräumt und für die es »endlich wieder ein Register« gibt.[5]

Die Hoffnung auf eine formalisierte Orientierung, die sich in der Nennung des Begriffs »Register« ausdrückt, mag merkwürdig wirken: Doch zeigt der Hinweis auf ein solches Einteilungsregister, dass manche mit Political Correctness die Hoffnung auf klare und eindeutige sprachliche Reglementierungen im politischen Diskurs verbanden.

Streit um Worte, Streit um Freiheit

Das Ausdrucksmittel des Hip-Hops ist eine teils rohe, deftige Sprache, mit der Künstler ihre Ansichten mit aller Härte und Unmittelbarkeit auszudrücken versuchen. Mit dieser Kunstform thematisieren und kritisieren sie ungerechte soziale Verhältnisse, die sich wiederum in der Sprache des Alltags widerspiegeln.

Gerade dies – die Widerspiegelung in der Sprache – offenzulegen ist vielen Künstlern des Hip-Hops ein Anliegen. Genau darum geht es auch bei Political Correctness. Die Sprachwissenschaftlerin Iris Forster (*1971) führt aus:

> Als »politically correct« und damit wünschenswert wird eine Sprachverwendung tituliert, bei der die Sprecher/-innen einen aktuellen Sprachgebrauch auf Grundlage bestimmter Normen kritisch hinterfragen. Mit Blick auf die gesellschaftlichen Verhältnisse sowie auf historische

Verwendungszusammenhänge können dann einzelne Worte, Redewendungen oder Denkfiguren als unangemessen verworfen und gegebenenfalls durch Alternativen ersetzt werden.[6]

Laut dieser Definition setzt Political Correctness also direkt am Gebrauch von Sprache an und versucht, Regeln korrekten Sprechens zu bestimmen. Mit diesen Regeln sollen, so der Philosoph Udo Tietz (*1953), »Korrektheitsbedingungen« definiert werden, die »sprachliche Handlungen« in zwei »Klassen« einteilen: nämlich in erlaubte und verbotene sprachliche Handlungen.[7]

Die von Vertretern der Political Correctness angestrebten Interventionen in die Sprache beziehen sich meist darauf, wie Begriffe üblicherweise verwendet werden. Solche Begriffe wie »Neger« sollen wegen ihres diskriminierenden Charakters aus dem Sprachgebrauch verbannt werden. Political Correctness ist ein stetiger Versuch zu bestimmen, welcher Gebrauch von Begriffen und Wendungen erlaubt ist und welcher nicht.

Doch etabliert sich der Streit um Political Correctness in Deutschland nicht zuallererst als einer um Begriffe und Wendungen, sondern als ein grundsätzlicher Streit:

Statt auf der Ebene konkreten Sprechens über korrektes Sprechen zu diskutieren, wird das Anliegen als solches bereits seit den 1990er Jahren skandalisiert. Damit kritisieren Gegner der Political Correctness nicht den Versuch, die Verwendung einzelner Begriffe und Wendungen zu unterbinden, sondern allgemein das Anliegen, Routinen des Sprechens auszusetzen und neu zu regeln.

Einige Gegner interpretieren Political Correctness als

Generalangriff auf die Freiheit in liberalen Demokratien. Der Streit um Political Correctness entwickelte sich entsprechend schnell zu einem *grundsätzlichen* politischen Streit um Freiheit, auch in Deutschland.

Milieu und Gegenmilieu

Political Correctness hätte in Deutschland vermutlich keine große Chance gehabt, wenn sie nicht auf ein für sie empfängliches intellektuell-politisches Milieu auf der einen und auf dessen Gegner auf der anderen Seite gestoßen wäre.

Auf der einen Seite wirkten besonders in den Großstädten Linksalternative und gemäßigtere Linke, die dank ihres »Marsches durch die Institutionen«, wie es der Aktivist Rudi Dutschke (1940–1979) formulierte, in der Gesellschaft immer einflussreicher geworden waren. Später sollten sie mit der aus SPD und Bündnis 90 / Die Grünen gebildeten Bundesregierung 1998 sowie massenmedialer Präsenz gesellschaftspolitisch noch bedeutender und kulturprägender werden.

Auf der politischen Gegenseite waren Teile der bürgerlichen Mitte durch die in Helmut Kohls (1930–2017) Kanzlerschaft von 1982 bis 1998 verkündete kulturelle Neuausrichtung der Bundesrepublik und den Zusammenbruch des staatssozialistischen Modells in Ostmitteleuropa davon überzeugt, dass der eigene rechte Weg der richtige, überlegene Weg sei. Die von Kohl ausgerufene Losung einer geistig-moralischen Wende sollte eine Befreiung der deutschen Kultur vom kritischen Zeitgeist bezwecken. Als konservativ verstandene Tugenden und Werte sollten wieder in den Vordergrund gerückt werden. Der Sozialismus schien sich Ende der 1980er und Anfang der 1990er Jahre selbst erledigt zu haben. Dies unterstrich die Annahme konservativer Kreise, dass die Verbindung einer liberal-demokratischen Herrschaft mit einem kapitalistischen Wirtschaftssystem alternativlos sei, um umfassend Wohlstand zu sichern.

Political Correctness entwickelte und behauptete sich in dieser politischen Gemengelage der Bundesrepublik Deutschland und wurde unter anderem von feministischen Aktivistinnen und Aktivisten übernommen. Weil Political Correctness als »Repräsentationskritik«[8] Sprache, symbolische Politik und Diskriminierungen aus der Sicht unterrepräsentierter Gruppen aufzeigt, schien sie sich als ein Mittel im Kampf gegen politische und strukturelle Benachteiligungen von Frauen besonders zu eignen.

Doch bildete das Aufgreifen durch den Feminismus nur den Anfang, denn der Bereich vermeintlich inkorrekter Dinge wurde immer größer. Längst ging es neben der Kritik und Beurteilung des Sprachgebrauchs auch um die Bewertung und Sanktionierung bestimmter Weltanschauungen oder die politisch-moralisch begründete Auswahl von Sprechern in der Öffentlichkeit.

Ein Kampfbegriff

Die Ausweitung von Political Correctness erfolgt immer in der Form des Streits. Dieser präsentiert sich in einer gleichzeitig stattfindenden Bewegung einer Entdeckung bestimmter Themen *für* und einem gleichzeitigen Reflex, diese Themen *vor* Political Correctness zu schützen.

Eine Eigenheit dieses Streits ist seine übertriebene Hektik. Ohne sich die Zeit für eine Erörterung des Für und Wider von Korrekturen zu nehmen, verstehen beide Seiten die Position der jeweils anderen immer als Anmaßung, die auch emotional abgewehrt werden muss, was wiederum als anmaßend empfunden wird. Somit bedingt Political Correctness eine rasche Abfolge von Kritik und Kritik der Kritik usw.

Das wird insbesondere durch die Reduktion von Political Correctness auf einen Kampfbegriff deutlich: Zu Beginn verwendete etwa Diederichsen den Begriff positiv. In der Folgezeit wurde das anders.

Ein Beispiel: Feministische Befürworter sprachlicher Neuregelungen verstanden sich selbst als Leidtragende des Streits um Political Correctness und griffen den Begriff ausschließlich in seiner vorwurfsvollen Verwendung durch ihre Kritiker auf.

Die Soziologin Kornelia Hauser (*1954) befasst sich mit der Stigmatisierung des Feminismus innerhalb des Streits um Political Correctness. Sie kritisiert, dass die Komplexität und die Legitimität feministischer Positionen durch deren Gegner einfach als bloße Frauenforderungen heruntergespielt und mittels des Begriffs der Political Correctness diskreditiert würden.

Auf diese Weise verweigere man eine gehaltvolle politische Kontroverse über die feministische Gesellschaftskritik an geschlechtsspezifischen Ungleichbehandlungen, indem alle Beteiligten sich gegenseitig die »Tabuisierung« von Ungerechtigkeiten vorwerfen.[9]

Hauser kontert den Vorwurf der Pauschalisierung von Feminismus als eine Form der Political Correctness ihrerseits mit dem Vorwurf, eben den Feministen diesen Vorwurf zu machen. So prallen Vorwürfe aufeinander, in denen jeweils mit einer negativen Vorstellung von Political Correctness polemisiert wird.

Die ausschließlich negativen Auffassungen von Political Correctness führten dazu, dass die Möglichkeit, mit ihr positive, konstruktive Strategien verknüpfen zu können, angezweifelt wurde.

Von der starken zur schwachen Kritik

Political Correctness bezog sich nur anfangs ausschließlich auf den Sprachgebrauch. Später weitete sich ihre Anwendung wie erwähnt auf Handlungen, Lebensstile und politische Einstellungen aus. Die damit verbundene Funktion als »Polarisierungsmaschine«[10] kann nicht darüber hinwegtäuschen, dass für diese Ausweitung eine theoretische Grundlage fehlt: Political Correctness hat keine eigene Philosophie oder Theorie, die politische Korrektheit als Leitidee begründet. Auf einem anderen Blatt steht, dass man Political Correctness generell mit Politischer Philosophie und Politischer Theorie in Verbindung bringen kann und sollte, um sie besser verstehen und ideologisch einsortieren zu können.

Die Attraktivität der Political Correctness besteht dabei vor allem in ihrem Angebot, sich mit ihr angeblich unfehlbar orientieren zu können: Sie erlaubt die einfache Differenzierung, etwas als falsch oder als richtig auszuzeichnen, und trachtet danach, das vermeintlich Falsche als Norm aufzulösen.

Dahinter steht ein Moralismus, der als normative Triebfeder sowohl den Vertretern als auch den Gegnern von Political Correctness dient. Die moralisierende Argumentation ist ein effektives Mittel, um Ungerechtigkeiten, die im Sprachgebrauch und in Handlungen tatsächlich oder angeblich manifestiert sind, anzuprangern. Den Vorwurf, dass der Moralismus als »ideologische Kontrolle«[11] wirke, machen demgegenüber Kritiker des Angriffs auf sprachliche und nicht sprachliche Routinen und Konventionen.

In dem Streit um Political Correctness gibt es nur zwei Positionen: entweder totale Zustimmung oder totale Ablehnung. Warum kann Political Correctness so spalten, wie sie es tut?

An dieser Stelle muss man zwischen zwei Arten der Kritik, die Vertreter der Political Correctness üben, unterscheiden, nämlich zwischen einer *starken* und einer *schwachen* Kritik:

Jene, die eine *starke* Kritik üben, machen eine bereits bestehende Spaltung in einer Gesellschaft bewusst. Die Ursachen der Spaltung werden teils drastisch benannt. Es werden Forderungen erhoben, gegen diese Spaltung vorzugehen. Jene, die von der Spaltung unmittelbar betroffen sind, die also erniedrigt und marginalisiert werden, wehren sich. Ein Beispiel ist die Diskriminierung der People of Color in den USA und deren Kampf gegen die Diskriminierung.

Mit dem Vorbringen einer *schwachen* Kritik wird hingegen eine Spaltung in einer Gesellschaft erst hervorgerufen. Es werden, um es überspitzt zu formulieren, künstlich neue Gräben geschaffen, etwa dann, wenn bestimmte Lebensstile kritisiert und verurteilt werden. Außerdem wird nicht versucht, alte Gräben zuzuschütten.

Starke Kritik resultiert aus der unmittelbaren Erfahrung von Ungerechtigkeit und der Diskriminierung durch den Gebrauch von Begriffen, die die Betroffenen aus Sicht der Vertreter der Political Correctness zum Sturm auf die Routinen und Konventionen motivieren sollte.

Mit dem Gebrauch von Begriffen kann man verletzen. Wenn man nicht den richtigen Ton trifft und sich im Ton vergreift, dann kann dies so irritierend sein, dass ein Dialog abgebrochen wird. Die Wahl von Begriffen und deren Verankerung in der Öffentlichkeit vermögen es, Personen und ihre Positionen zu diskriminieren bzw. zu marginalisieren. Auch ist dies beispielsweise mit dem Einsatz von Bildern möglich.

Die Kritik, mit der etwa rassistische und sexistische Beleidigungen angeprangert werden, zieht aus den zuvor genannten Tatsachen ihre Kraft. Je unmittelbarer die Beleidigung, Erniedrigung oder Marginalisierung, desto stärker ist die Kritik, die daran geübt wird.

Auf der anderen Seite wird Political Correctness auf kulturelle Praktiken und Weltanschauungen bezogen. Auch diese sind mit normativen Ansprüchen verknüpft und werden entsprechend kontrovers diskutiert.

Dennoch handelt es sich hierbei um eine *schwache* Kritik, weil sich ihr Objekt, also das, was kritisiert wird, der unmittelbaren Beleidigung, Erniedrigung und Marginalisierung entzieht. Sicherlich kann man das Verzehren von Tierfleisch oder den Urlaub in Katar anrüchig finden: Doch werden durch den Verzehr oder die Reise unmittelbar Menschen beleidigt, erniedrigt oder marginalisiert?

Werden immer mehr Menschen mit Bezug auf immer mehr Themen kritisiert, nehmen Wucht und Stärke der Kritik ab, sie verflüchtigt sich. Der Streit um Political Correctness mäßigt sich dadurch aber nicht. Im Gegenteil: Die teils heftigen Auseinandersetzungen etwa über Identitäten und Genderfragen belegen, dass die schwächer werdende Kritik keinen schwächenden Einfluss auf den Streit hat. Die Ausweitung des Gegenstandes der Political Correctness und die Schwächung der Kritik verschärfen vielmehr die Kontroverse.

3 Political Correctness und Politische Philosophie

Political Correctness hat keine eigene Philosophie oder Theorie. Doch steht sie politisch-philosophisch nicht im luftleeren Raum.

Mit zwei Ansätzen wollen wir zeigen, wie Political Correctness und Politische Philosophie zusammenhängen. Dies ermöglicht es zum einen, ideelle Anknüpfungspunkte des Phänomens zu bestimmen. Dies zu tun ist etwas anderes, als den realgeschichtlichen Ursprung der Political Correctness zu identifizieren und ihren Import zu rekonstruieren. Es geht vielmehr um die Ermittlung der politischen Geisteshaltung, auf die sie zurückzuführen ist. Somit soll erörtert werden, in welche *Ideologie* Political Correctness und der Streit um sie einzuordnen sind.

Wir behaupten, dass das Phänomen ein Element liberaler Demokratien ist. Zudem behaupten wir, dass Political Correctness und liberales Denken heute nicht zufällig, sondern notwendig aneinandergekoppelt sind. Political Correctness gründet meist in liberaler Mentalität, wie auch meist deren Kritik. Diese These könnte Leser verblüffen, weil nicht selten nur die lautstark geäußerte Kritik an Political Correctness als liberal erachtet wird oder sich selbst alleinig dafür ausgibt.

Im Anschluss fragen wir, ob es vernünftig ist, davon auszugehen, dass es einen Streit um Political Correctness gibt, der es wert ist, als solcher bezeichnet zu werden. Dies klingt sonderbar, weil wir bislang, wie selbstverständlich, über ihn gesprochen haben. Jedoch könnte man vermuten, dass wir bis jetzt irrtümlicherweise etwas angenommen haben, das wir nicht hätten annehmen dürfen. Grundsätzlich ist nämlich danach zu fragen, ob es politische Korrektheit geben kann.

Kann es einen verknüpfenden Gebrauch der Adjektive »politisch« und »korrekt« geben, der bedeutend ist? Basiert der Streit um Political Correctness auf einem Scheinproblem? Dann wäre er ein Wortwechsel, der zwangsläufig ins Leere läuft, weil man nicht präzise darlegen kann, was die Bezeichnung und der verknüpfende Gebrauch der Adjektive bedeuten.

Wir denken, dass der Wortwechsel dann nicht ins Leere läuft, wenn man ihn im liberalen Bedingungsgefüge deutet.

Eine Quelle: der Liberalismus

Political Correctness ist ein Phänomen liberaler Demokratien. Sie wirkt beispielsweise in den USA und in Deutschland. In ihnen wird medienwirksam darüber diskutiert, ob Regierende und Bürger in der Öffentlichkeit politisch korrekt sprechen und handeln und ob sie dies tun sollen.

Zu erwägen, welches Sprechen und welches Handeln politisch korrekt sind, ist selbst ein Bestandteil der Diskussion, die nicht überall auf der Welt in derselben Weise geführt wird. Mehr noch: Die Diskussion wird in anderen Ländern teils gar nicht geführt, sondern vor allem in solchen Staaten, deren Zweck unter anderem darin besteht, eine Ordnung einzurichten und aufrechtzuerhalten, in der Bürger individuelle Freiheit genießen können und vonseiten des Staates möglichst wenig reglementiert und eingeschränkt werden.

Der klassische politische Liberalismus verfolgt den Anspruch, diesen Zweck zu begründen. Inwieweit es als liberal konstituierten Ordnungen gelingt, diesem Anspruch gerecht zu werden, steht auf einem anderen Blatt.

Das politisch-systemische Fundament, auf dem um Political Correctness gestritten wird, ist nicht aus dem Auge zu verlieren. Fragen wie »Wo wird die Forderung, politisch korrekt handeln zu sollen, erhoben?« und »Wo wird über die Legitimität dieser Forderung debattiert?« sind keine Nebensächlichkeiten.

Ohne politisch-systemische und ideologische Hintergründe zur Kenntnis zu nehmen, kann man nicht ausreichend verstehen, weswegen das Phänomen Political Correctness in einer politischen Ordnung auftaucht, verteidigt und kritisiert wird; dann kann man nicht herausarbeiten, warum behauptet oder zurückgewiesen wird, dass Political Correctness selbst moralisch angemessen oder gesellschaftspolitisch relevant sei.

Anscheinend stehen zwei Gruppen einander unversöhnlich gegenüber: die Gruppe derjenigen, die in liberalen Demokratien für Political Correctness einstehen, und die derjenigen, die sie grundsätzlich ablehnen. Ihre Positionen trennen sie in aller Schärfe. Dies könnte einen einfachen Grund haben:

Man könnte annehmen, dass dieser Grund darin besteht, dass die einen für *eine* politische Ideologie einstehen und die anderen für eine *andere*, dass beispielsweise die einen Sozialisten und die anderen Konservative sind, die Konflikte aufgrund ihrer widerstreitenden Geisteshaltungen nicht entschärfen können. Oder dass der Konflikt etwa darin besteht, dass die einen Liberale und die anderen Sozialisten sind.

Unseres Erachtens ist dies jedoch nicht der Grund. Wir vermuten vielmehr, dass beide Positionen auf dem Liberalismus fußen. Zumindest, um dies vorsichtiger zu formulieren, lassen sich ihre Ursprünge auf liberales Denken zurückführen.

These und Antithese

Wir nehmen an, dass der Streit um Political Correctness in Deutschland im Wesentlichen einer zwischen Widersachern ist, die im Grunde demselben ideologischen (nicht: demselben parteipolitischen) Lager zugeordnet werden können.

Dass es an den politischen Rändern Fanatiker und Radikale gibt, die Political Correctness vergöttern oder verteufeln, ist uns bewusst. Dass es beispielsweise lautstarke und destruktiv vorgetragene rechtsextreme und rechtspopulistische Ablehnung der Political Correctness gibt, ist offenkundig.

Dass liberal Gesinnte auch mit Rechtsextremen und Rechtspopulisten streiten, ist uns auch bewusst. Der Streit um Political Correctness ist in Deutschland also auch ein Streit zwischen Widersachern, die ideologische Gegner oder gar Feinde sind.

Doch wäre die gesamtgesellschaftliche Relevanz dieses Streits nicht erklärbar, wenn er sich auf diese Tatsache reduzieren ließe. Er durchzieht die gesamte Gesellschaft, nicht nur deren politische Ränder. Deswegen ist der Streit zwischen den liberal Gesinnten besonders interessant. Hier gilt es, anzusetzen.

Wie können einander widerstreitende Thesen zur Political Correctness in den Fällen nebeneinander existieren, in denen der ideologische Ursprung derselbe ist? Mit welcher These und welcher Antithese genau haben wir es zu tun?

Die *These* mitsamt Ergänzungen kann man so zusammenfassen:

Political Correctness ist ein Element liberaler Demokratien. Sie ist ihnen *eigen*. Mit ihr wird das voranzubringen, wenn nicht gar zu vollenden versucht, was in den entsprechenden politischen Ordnungen normativ angelegt, real aber nicht vollendet ist. Kurz: Es geht darum, als Bürger dieser Ordnungen möglichst frei zu sein. Dafür ist eine bestimmte Art von Gleichheit unabdingbar, nämlich grundlegende politische Gleichheit.

An dieser Form der Gleichheit sind Liberale in erster Linie interessiert. Es geht um Gleichheit vor dem Gesetz, den politischen Institutionen und voreinander, als Bürger, die dieselben politischen Grundrechte in und an dem Gemeinwesen haben sollten, in dem sie teils kooperativ, teils unkooperativ handeln. Ohne dieses Mindestmaß an Gleichheit gibt es nur unzureichend Freiheit. Wird diesem Mindestmaß entsprochen, dann ist damit – als Konsequenz – auch die Freiheit derer gesichert, die bislang diskriminiert wurden oder denen es droht, nicht als eigentlich gleiche Bürger angemessen geachtet zu werden.

Mit den Mitteln der Political Correctness wird zu reglementieren versucht, und das allein wird von einigen als freiheitseinschränkend wahrgenommen. Ihr Zweck besteht allerdings darin, grundlegende politische Gleichheit und damit Freiheit *für jede und jeden* zu garantieren, was mit anderen Mitteln nicht erreicht wurde. Oder mit anderen Worten: Political Correctness zu vertreten ist genau dann ein Gebot der Liberalen, wenn andere Maßnahmen nicht taugen, politische Gleichheit und Freiheit genügend zu sichern. Es wäre ein Frevel, Political Correctness in einer liberalen Demokratie zurückzuweisen, wenn vergessen zu werden scheint, was sie anzustreben doch gerade bemüht sein sollte.

Die *Antithese* mitsamt Ergänzungen kann man so zusammenfassen:

Political Correctness ist kein Element liberaler Demokratien und ihnen *fremd*. Mit ihr wird das negiert und zurückgedrängt, was in solchen Ordnungen normativ angelegt ist, was in ihnen immer auf dem Spiel steht und was in ihnen und gegen äußere Gegnerschaft verteidigt werden muss, nämlich Handlungsfreiheit, Meinungsfreiheit und Redefreiheit, die zu verteidigen sind, solange sich die frei handelnden Individuen in der Ordnung gegenseitig nicht so einschränken, dass der Bestand der Freiheiten grundsätzlich in Gefahr ist.

Es geht um die Freiheiten aller Bürger, die in dem Gemeinwesen teils kooperativ, teils einander widerstreitend handeln. Damit geht es auch darum, anderslautende Meinungen, in denen sich tiefgreifende Differenzen etwa hinsichtlich des moralischen Umgangs miteinander zeigen und darüber, wie man öffentlich sprechen darf und wie man der eigenen Geschichte gedenken soll, zu tolerieren. Diskriminierungen durch Individuen und Institutionen, die existentiell einschneidend sind, sollten fallabhängig juristisch untersucht und verfolgt werden.

Es steht aber keineswegs fest, welche Redeweisen und Sprachgebräuche, welche Routinen und Konventionen so beschaffen sind, dass sie ein für alle Mal und kontextunabhängig als gravierend diskriminierend bezeichnet werden könnten. Entsprechend muss in jeder liberalen Demokratie Political Correctness zurückgewiesen werden, weil sie den angeblich bestehenden Anspruch der Vertreter der gegnerischen Seite auf eine unantastbare, auch in Zukunft gültige Vormachtstellung durch den eigenen Anspruch darauf ersetzen möchte.

Political Correctness mag gut gemeint sein, kann angesichts ihrer Mittel jedoch selbst nicht als liberal gelten. Political Correctness zu verwerfen ist für jede liberale Demokratie ein Gebot, weil sie nicht darauf abzielt, Freiheit zu ermöglichen, sondern auf moralisch fragwürdige, selbst infrage zu stellende Weise versucht, Sprechen und Handeln zu uniformieren bzw. auf eine Form zurechtzustutzen. Die angestrebte Gleichheit mündet in eine Gleichmacherei. Sie entspringt einem fatalen Moralismus im Geiste eines bloß angeblich politischen, eigentlich aber antiliberalen Fortschritts.

Was man sich gegenseitig vorwirft

So, wie wir die These und die Antithese darlegten, stehen sich die jeweils Vertretenden wie an einer Frontlinie gegenüber. Diese verläuft nicht zwischen liberalen Demokratien, sondern innerhalb dieser Ordnungen.

Viele derer, die für Political Correctness einstehen, halten sich für Verteidiger eines liberalen Anspruchs – wie auch viele derer, die Political Correctness ablehnen. Die einen werfen den anderen vor, möglichst viel Freiheit für sich selbst zu beanspruchen, aber nicht dazu beizutragen, auch allen anderen möglichst viel Freiheit zu ermöglichen. Die anderen werfen den einen vor, Freiheit zugunsten einer moralisch mehr als fragwürdigen Reglementierung zu opfern, mit der zerstört wird, was angeblich bewahrt werden soll.

Kurzum: Die einen seien letzten Endes Vertreter eines mit Bezug auf den Status quo konservativen Denkens, das sich nicht mit Liberalität verträgt und Gleichheit und Freiheit eigentlich verhindert. Die anderen seien letzten Endes Vertreter sozialistischen Denkens, das sich nicht mit Liberalität verträgt und auf Gleichmacherei und somit die Einschränkung von Freiheit setzt. Unserer Meinung nach greifen diese Einschätzungen zu kurz.

Ein fundamentaler Streit?

Auf der einen Seite belegen These und Antithese, dass die Positionen weit auseinanderliegen. Auf der anderen Seite belegen sie, dass mit den Positionen von denselben Ideen, Begriffen und Konzepten ausgegangen wird, diese jedoch unterschiedlich interpretiert und gewichtet werden.

Nun könnte es sein, dass sich die eine oder die andere Seite schlichtweg irrt. Es könnte allerdings auch sein, dass der Streit, der ein fundamentaler zu sein scheint, letztlich kein solcher ist bzw., dass der Streit sich schlichten lässt und ein Ausgleich möglich ist.

Was bedeutet das? In einem fundamentalen Streit stehen zwei Streitparteien einander gegenüber, zwischen denen kein Ausgleich geschaffen werden kann. Wir veranschaulichen dies an einem Beispiel:

Nehmen wir an, dass die Frage im Raum steht, ob ein Staat einem anderen den Krieg erklären soll. Ein Pazifist wird, wenn er die idealtypische, kategorische Variante des Pazifismus vertritt, sagen, dass der Krieg nicht erklärt werden darf. Eine Bellizistin, die die idealtypische, kategorische Variante des Bellizismus vertritt, wird sagen, dass der Krieg erklärt werden darf.

Der Pazifismus ist die Lehre, die in ihrer idealtypischen, kategorischen Variante besagt, dass jeder Krieg zu vermeiden ist und politische Konflikte nicht mit militärischen Gewaltmitteln gelöst werden dürfen.

Der Bellizismus ist die Lehre, die in ihrer idealtypischen, kategorischen Variante besagt, dass es unter allen Umständen erlaubt ist, Kriege zu führen, und es keinen überzeugenden Grund dafür gibt, politische Konflikte nicht mit militärischen Gewaltmitteln lösen zu dürfen.

Dabei spielt es grundsätzlich keine Rolle, aus welchem Grund der Krieg erklärt werden könnte, mit welchen Mitteln er geführt werden würde und zu welchen speziellen Zwecken. Der Krieg an sich sei entweder etwas Verbotenes, so der hier vorgestellte Pazifist, oder etwas stets Erlaubtes, so die hier vorgestellte Bellizistin.

Den eigentlichen Sachverhalt müssen sich die, die sich fundamental streiten, gar nicht mehr genauer ansehen. Dessen Bestandsaufnahme ist für sie Zeitverschwendung, weil ihre Positionen unabhängig von konkreten Sachverhalten feststehen. Wie sollte zwischen diesen Streitparteien ein Ausgleich hergestellt werden können?

Ein fruchtbarer Streit?

Bei dem Streit um Political Correctness sieht es vielleicht anders aus. Eventuell ist ein Interessenausgleich möglich, weil die Positionen der Streitparteien sich nicht grundsätzlich voneinander unterscheiden, sondern von denselben Grundannahmen ausgehen. Individuelle Freiheit, ein Mindestmaß an politischer Gleichheit für alle, Toleranz – darauf müssten sich beide einlassen.

Anders als in der zuvor geschilderten Konstellation des Pazifisten und der Bellizistin ist in der um Political Correctness Streitenden ein Streben nach Ausgleich nicht im Vorfeld als aussichtslos abzutun. Angesichts der Vehemenz des Streits mag man dazu neigen, Aussichtslosigkeit anzunehmen, doch ein zweiter Blick lohnt (diesen werden wir später wagen).

Dass der Ausgleich in der Regel nicht angestrebt wird, ist uns natürlich bewusst. Die Widersacher sprechen oft so übereinander statt miteinander, dass sie gar nicht dazu kommen, Argumente auszutauschen, weil sie sich bereits zuvor diskreditiert haben und in ihrem Standpunkt verharren. Wer anderes erreichen möchte, muss den Hebel dort ansetzen, wo die Spaltung überwunden werden kann.

Eine Möglichkeit besteht darin, auf Gemeinsamkeiten zu verweisen, wo andere nur Unterschiede sehen und betonen. Dies gilt es ernsthaft zu prüfen. Hierfür müsste allerdings auf beiden Seiten der Frontlinie abgerüstet werden.

Korrekt!

Man kann Political Correctness ideologisch einordnen. Man kann untersuchen, ob die Möglichkeit eines Ausgleichs zwischen den Streitparteien besteht. Und man kann überprüfen, ob der vermeintliche Streit tatsächlich einer ist.

Das Letztgenannte überprüfen zu wollen mag auf den ersten Blick seltsam anmuten, weil ja ständig gestritten wird. Nehmen wir aber an, dass der Wortwechsel so geartet ist, dass es keinen klar definierten Streitpunkt gibt, über den man angeblich uneins ist, oder dass der Streit in einem eigentlich unverständlichen Vokabular geführt wird, so dass die Beurteilungskriterien, mit denen man zu operieren meint, unterbestimmt sind.

In diesen Fällen sollte man das, was man Streit genannt hat, anders nennen und neu ansetzen. Zumindest wäre dies vernünftig. Aufgrund anderer Motive, etwa dem der Selbstbehauptung oder dem der Machtlust, könnten Widersacher dennoch an der Fortsetzung des sogenannten Streits und nicht an seiner Analyse oder Beilegung interessiert sein.

Man könnte fragen, ob es überhaupt etwas gibt, das man sinnvoll als *politisch korrektes* Handeln bezeichnen kann. Kann es begrifflich sinnvoll sein, davon zu sprechen, politisch richtig zu sprechen? »Richtig zu sprechen« ist ein

Ausdruck, dessen Inhalt wir bestimmen können; dessen Sinn wir erfassen können, auch wenn es von Fall zu Fall umstritten sein mag, was richtig ist. Auch den Ausdruck »richtig zu handeln« verstehen wir allgemein.

Doch wären diese Ausdrücke im Zusammenhang mit dem beigefügten Adjektiv »politisch« verständlich? Wird die Fügung dann nicht sinnlos?

Angenommen, dass die Ausdrücke nicht verständlich wären und dass die Fügung nicht sinnvoll wäre, dann hätte sich der Streit bereits von selbst erledigt, weil man gar nicht wüsste, worüber man streitet. Man könnte dann einen Dialog über den Umgang mit einem Scheinproblem fortsetzen, doch wäre es mehr als zweifelhaft, ob dies Sinn oder Zweck hätte.

Bekannte Urteile

In vielen Bereichen erfüllt das Urteil, dass etwas richtig oder falsch bzw. korrekt oder inkorrekt ist, eine orientierende Funktion. An diesem Urteil wird in vielen Fällen kein Anstoß genommen.

Wenn zum Beispiel eine Schülerin eine Aufgabe im Mathematikunterricht nicht so löst, wie diese gemäß den erlernten Vorgaben zu lösen ist, dann macht sie etwas falsch. Wenn sie Mathematik gemäß den ihr eigenen Regeln betreiben möchte oder soll, dann muss sie es beachten, diesen Regeln zu folgen. Sie muss regelkonform handeln.

Die Behauptung der Schülerin, dass sich aus der Addition der Zahlen 2 und 2 die Summe 5 ergibt, wäre nicht zutreffend bzw. falsch. Wer sich auf das *Additionsspiel* einlässt, der muss damit rechnen, dass man ihm einen Regelbruch ankreidet, wenn er sich so verhält.

Diese Art von Korrektheit und Inkorrektheit wird normalerweise als wertneutral, jedoch nicht als normativ aufgeladen verstanden. Sie wird nicht infrage gestellt. Als normativ relevant könnte man dann ansehen, wie eine Lehrerin der Schülerin begegnet, wenn diese einen solchen Fehler gemacht hat. In »2 plus 2 gleich 5« selbst steckt in der Regel kein Konfliktpotential.

Wenn der Korrektor eines Verlages in einem für die Veröffentlichung vorgesehenen Sachtext über das politische System der BRD übersieht, dass darin »Bundesrepublik Keuschland« statt »Bundesrepublik Deutschland« steht, dann macht er einen Fehler, wenn er den Fehler nicht korrigiert. Er macht etwas falsch, weil es seine Aufgabe ist, solche Fehler aufzuspüren und zu beseitigen: Das Urteil, dass es sich um einen Fehler handelt, ist sicher richtig, weil es noch nie eine Bundesrepublik Keuschland gegeben hat. Außerdem ist der Kontext, in den die Bezeichnung eingebettet ist, eindeutig definiert. Die Bezeichnung steht in einem an Fakten orientierten Sachtext, nicht in einem Werk der Belletristik, in dem kurzerhand ein neuer Staat erfunden oder ein existierender Staat umgemodelt werden darf.

Problematischer könnte es etwa sein, wenn ein Korrektor mit dem Wort »Schifffahrt« konfrontiert wird, weil dieses vor einiger Zeit regelkonform und kontextunabhängig mit zwei an Stelle von drei »f« geschrieben werden konnte. Je nach Umstand – wann wurde der Text, in dem das Wort steht, verfasst? – ist diese oder jene Schreibweise also korrekt. Oder anders ausgedrückt: Sprachliche Vorgaben und Regeln können sich entwickeln und ändern.

Allerdings können wir mit Blick auf bestimmte Wörter, Wendungen und Sätze feststellen, ob sie früher oder heute korrekt geschrieben wurden oder werden. Man kann sich darüber streiten, welche Regeln gelten sollten. Jedoch geht es dabei in erster Linie um ästhetische Differenzen und einander widerstreitende sprachpragmatische Erwägungen, nicht aber um Fragen der Wahrheit.

Die Rolle der Moral

Regeln der Political Correctness scheinen andere Arten von Regeln zu sein als die, die bisher vorgestellt wurden. Dies hängt damit zusammen, dass in ihnen moralische Bewertungen entscheidend sind und Moral nicht erst dann ins Spiel kommt, wenn es darum geht, wie mit Regelbrechern umgegangen werden soll.

Im Fall der Regeln der Political Correctness geht es um ein moralisch aufgeladenes »richtig« und um ein moralisch aufgeladenes »falsch«, die kontextunabhängig behauptet werden und deretwegen der Sprachgebrauch und eingeschliffene kulturelle Routinen angepasst oder abgeschafft werden sollen.

Was wollen Vertreter der Political Correctness vor dem Hintergrund liberaler Grundannahmen?

1. Sie wollen neue Begriffe einführen und neue (Teil-) Ordnungen schaffen, indem etwa die Gendertheorie mitsamt den ihr eigenen Begriffen durchgesetzt und der Sprachgebrauch im öffentlichen Raum dementsprechend angepasst wird.
2. Sie wollen existierende Substantive und Adjektive wie

»Neger«, »Hexe« und »fett« aus dem Sprachgebrauch entfernen. Die beiden letzten Beispiele sind keine Scherze: 2023 veränderte der Verlag Puffin Books Texte des Schriftstellers Roald Dahl (1916–1990), der unter anderem *Charlie and the Chocolate Factory* (*Charlie und die Schokoladenfabrik*) verfasst hat. Der Verlag zensierte Teile, in denen die Worte »fat« (»fett«) und »hag« (»Hexe«) standen. Am Ende entschied der Verlag dann, neben den zensierten unzensierte Fassungen zu drucken.

3. Sie wollen existierende nicht sprachliche Formen, Figuren und Bilder aus dem öffentlichen Raum entfernen, etwa Statuen, die Personen darstellen, die in ihren Augen nicht geehrt und deren nicht gedacht werden solle – eine zutiefst moralische Überlegung.

Zu 1.: Es ist eine moralisch begründete politische Entscheidung, etwa die Gendertheorie als Orientierungspunkt für die Reglementierung des öffentlichen Sprachgebrauchs zu wählen. Diese Entscheidung ergibt sich nicht zwingend aus wissenschaftlich untermauerter Erkenntnis oder aus gängigen Konventionen. Ob die Theorie fundiert und zutreffend ist, ist letztlich Gegenstand wissenschaftlicher Forschungen und intellektueller Debatten.

Es könnte Jahrzehnte dauern, bis man sich nüchtern und vernünftig in Bezug auf das Gendern geeinigt haben wird – und vielleicht wird dies nie der Fall sein.

Gegner der Theorie und der Political Correctness könnten befürchten, dass die Autorität des akademischen und intellektuellen Disputs mit Mitteln außerwissenschaftlicher öffentlicher Einflussnahme und politischer Setzung ausgehebelt werden soll. Teile des öffentlichen Sprachgebrauchs sollen verbindlich geändert werden, und zwar zugunsten einer vermeintlich richtigen Theorie und moralischen Einstellung.

An diesem Punkt prallen Weltsichten aufeinander, die sich anscheinend nicht miteinander vereinen lassen. Der Drang zur Durchsetzung der einen Weltsicht und zur Zurückweisung der anderen, so dass eine Koexistenz der beiden nicht möglich scheint, führt dann unweigerlich zum Kampf.

Zu 2.: Bestimmte Begriffe und Wendungen sollen aus dem Sprachgebrauch getilgt werden. Und sollte das nicht gelingen, soll ihre Verwendung wenigstens bestraft oder sanktioniert werden.

Das ist alles andere als neu. Wer heute jemanden in Deutschland in einer ihn ehrabschneidenden Form beleidigt, kann vom Betroffenen verklagt werden. Man darf nicht überall alles sagen, was einem in den Sinn kommt, ohne damit rechnen zu müssen, bestraft zu werden.

Political Correctness funktioniert und wirkt jedoch anders: Es geht darum, Begriffe *unabhängig* von ihrem Kontext aus dem allgemeinen Sprachgebrauch auszusondern, weil dadurch, dass sie – wie vermittelt auch immer, wie indirekt auch immer – verwendet werden, Ungleichheit zwischen Diskursteilnehmenden im öffentlichen Raum zementiert werde. Allein, dass *irgendwer* in *irgendeinem* Kontext öffentlich den Begriff »Neger« verwendet, sei moralisch falsch.

Hier zeigt sich das, was wir in der Einleitung ein »umfassendes Mittel der Prävention« nannten: Mit Political Correctness wird versucht, einen Begriff ein für alle Mal zu eliminieren, den man zuvor als schlecht bzw. als Übel gekennzeichnet hat.

Im Einzelfall kann das knifflig werden. So ist die Bezeichnung »Neger« politisch und moralisch aufgeladen. Der Begriff des Negers ist mit verheerenden Diskriminierungen verknüpft.

Hingegen ist beispielsweise die Bezeichnung »fetter Mensch« in der Regel nicht politisch und oft auch nicht moralisch aufgeladen. Dennoch gibt es Bestrebungen, die Bezeichnung »fetter Mensch« aus dem Sprachgebrauch zu verbannen, weil sie verletzend und diskriminierend verstanden werden könnte und somit irgendwie Ungleichheiten verfestigen würde (*Bodyshaming*).

Solche Bezeichnungen seien nicht bloß deskriptiv oder beschreibend, sondern auch normativ, hätten also bewertenden Charakter. Sie transportieren, so Vertreter der Political Correctness, Werte, die mit ihrer Nutzung zum Ausdruck gebracht werden. Wie diese Werte genau bestimmt sind, hängt von Konventionen, Gebräuchen, Traditionen, kurz: von Kontexten ab.

Vertreter der Political Correctness wollen den Gebrauch eines Begriffs oder einer Wendung radikal ändern und, so würden es ihre Gegner sagen, auf diese Weise jeden Sprechenden dazu erziehen, auf den Begriff und die Wendung zu verzichten – unabhängig davon, in welchem Kontext –, also eine neue Sprachpraxis anzunehmen, die sich ihrerseits nicht verändern darf.

Zu 3.: Die Forderung, Statuen aus dem Stadtbild zu entfernen, rührt offensichtlich daran, wie wir bestimmte Figuren in der Geschichte bisher verstanden haben. Würden wir an diesen Verständnisweisen festhalten, könnten die

Statuen, vermittelt oder unvermittelt, Ungleichheit, die uns in der Geschichte begegnet, zementieren und weitertragen. Wenn man aber aus der Geschichte lernen will, dann muss man die richtigen Konsequenzen ziehen, so Vertreter der Political Correctness.

Doch sollte man deshalb die Statuen gleich vollständig aus dem Verkehr ziehen? Wie diese Frage zu beantworten ist, ist umstritten, könnte man sie doch im öffentlichen Raum belassen und sich entsprechend produktiv mit der eigenen Geschichte auseinandersetzen, indem man sie etwa um Erläuterungsschilder ergänzt, die zum eigenen Nachdenken anregen.

Ein sinnvoller Streit?

Vertreter der Political Correctness versuchen, in immer mehr Bereichen des öffentlichen Lebens Reglementierungen durchzusetzen, die es so bislang nicht gab. Reglementierungen und Konventionen sind keine heiligen Gesetze, die nicht verändert werden dürfen. Das Leben von Individuen in einer politischen Ordnung wird von formalen und informalen Regeln bestimmt. Das schließt ein, dass diese Regeln durchlässig und oft eher vage und unbestimmt sind. Sanktionsbewehrte Regeln sollen Ordnung herstellen und aufrechterhalten. Es ist ebenso selbstverständlich, dass die Regeln verändert und reformiert werden können. Auch Revolutionen sind möglich. Kann es aber Regeln für *politisch korrektes* Sprechen und Handeln geben?

Jene, die an den Routinen und Konventionen nichts ändern möchten, könnten den Vertretern der Political Correctness vorwerfen, dass ihre Versuche, etwas zu ändern, anmaßend seien. Sie könnten sich daran stoßen, dass behauptet wird, ein bestimmtes öffentliches Sprechen und Handeln sei richtig, ein anderes falsch.

Doch ist dieser Vorwurf leicht zu entkräften, weil richtiges und falsches Sprechen und Handeln oder solches, das sich weder in dem einen noch in dem anderen Sinne klassifizieren lässt, im Rahmen einer bestimmten Ordnung oder innerhalb eines bestimmten Regelsystems stets behauptet werden müssen.

Ein Beispiel, in dem ein Mann das Betragen eines anderen Mannes beurteilt:

> Es war falsch, dass er der Dame nicht die Tür aufhielt, als beide den Raum verließen. Er sollte ein Gentleman sein. So etwas unterlässt ein Gentleman nicht.

Dieses Urteil hat seinen Sinn in den Grenzen eines bestimmten Regelsystems, in dem es die Rolle des Gentlemans gibt, diese mit bestimmten normativen Vorstellungen ausgestattet wird und Personen, in diesem Fall Männer, danach beurteilt werden können, ob sie der Rollenerwartung gerecht werden oder nicht.

Es geht an dieser Stelle vor allem darum, ob und wie vehement ein Regelbruch bestraft bzw. sanktioniert werden soll; wie tolerant umgegangen werden soll mit denen, die sich nicht an die Regeln halten, die man selbst als angemessen erachtet. Vielleicht stößt man sich daran, dass ein Absolutheitsanspruch vertreten wird, während man selbst zugeben würde, dass die Rolle des Gentlemans nun einmal eine zeitbezogene, historisch zufällige Rolle sei.

Erschwerend kommt hinzu, dass Sanktionen moralische oder juristische Sanktionen sind. Im Falle eines Verhaltens, das für einen Gentleman als unangemessen beurteilt würde, dürfte es sich in der Regel nur um moralische Sanktionen handeln: Wer sich unangemessen verhält, wird etwa in bestimmte Clubs nicht aufgenommen werden. Hierbei kann man sinnvoll von richtigem oder falschem Verhalten sprechen.

Worum es sich bei dem Streit um Political Correctness handelt, würde dann klarer, wenn man überprüfen könnte, ob bestimmte Reglementierungen *politisch* korrekt oder inkorrekt sind. In dem Fall des Mannes, der sich nicht wie ein Gentleman verhält, wird dessen Verhalten vor dem Hintergrund bestimmter *sittlicher* Regeln beurteilt.

Übertragen auf den Streit um Political Correctness, bedeutet dies abgewandelt: Man kann ihn dann als sinnvoll bezeichnen, wenn man nicht im politisch luftleeren Raum darüber nachdenkt, ob ein Verhalten korrekt oder inkorrekt ist, sondern gleichzeitig die politisch-philosophische und ideologische Verortung (Liberalismus, liberale Demokratien) ernst nimmt.

Von »richtig« und »falsch« oder »korrekt« und »inkorrekt« zu sprechen wäre also dann sinnvoll, wenn man von bestimmten politischen Regelsystemen ausgeht, in deren Rahmen etwas gemäß Systemvorgaben richtig oder falsch gemacht werden oder sein kann.

Es ist eine völlig andere politisch-philosophische Frage, welches politische Regelsystem überhaupt gelten sollte. Wenn sich aber die Streitparteien darauf einigen könnten, dass sie sich innerhalb liberaler Demokratien bewegen und den Liberalismus ernst nehmen, dann könnte man prüfen, ob *von hier aus gesehen* bestimmte Praktiken, Routinen und Konventionen, Sprechweisen und Handlungen sinnvollerweise als »korrekt« oder »inkorrekt« bezeichnet werden können.

Man würde demzufolge also nicht darüber diskutieren, ob es *an sich* politisch inkorrekt ist, etwa die Bezeichnung »Neger« öffentlich zu verwenden, sondern darüber sprechen, ob es in Anbetracht der geteilten liberalen Grundüberzeugung in der liberalen Demokratie gemäß den ihr eigenen Prämissen falsch ist, die Bezeichnung »Neger« öffentlich zu verwenden.

4 Political Correctness und politische Kultur

Für die Analyse der Political Correctness spielt neben der historischen und der philosophischen auch die kulturelle Dimension eine wichtige Rolle. Die Absicht, kulturell bedingte Routinen und Konventionen zu verändern, stößt automatisch auf Widerstände. Aus diesen können kulturelle Konflikte entstehen, die ihrerseits politisch ausgetragen werden.

Wenn wir also die kulturelle Dimension von Political Correctness untersuchen, müssen wir dies auch aus einer politikwissenschaftlichen Perspektive tun, denn im Politischen spielen sich die Auseinandersetzungen als Kulturkämpfe ab.

Vom Streit zum Kampf

Vertreter der Political Correctness halten es für gerechtfertigt, in Routinen und Konventionen einzugreifen, die den alltäglichen Sprachgebrauch und alltägliche Handlungen prägen, und diese zu verändern. Entsprechende Interventionen irritieren und legen auf diese Weise unhinterfragt geltende Regeln offen.

Um dies genauer zu verstehen, ist das Konzept des »impliziten Wissens«[12] hilfreich, welches besonders in den Sozialwissenschaften angewendet wird. Implizites Wissen ist jenes Wissen, das sich Menschen aneignen, anwenden und vermitteln, um in Routinen sprechen und handeln zu können. Solches Wissen erwerben Menschen durch die Teilhabe an sozialer Praxis, die durch dieses Wissen strukturiert wird. Man könnte diese Form des Wissens auch Alltags-Know-how nennen.

Dieses Wissen ist uns so geläufig, dass uns meist nicht bewusst ist, dass wir darüber verfügen und uns mit ihm orientieren. Entsprechend umständlich kann es sein, eine solche eingeschliffene Routine zu verändern.

Doch geschieht auch dies täglich, etwa dann, wenn eine Brücke, über die man ansonsten den Arbeitsplatz erreicht, aufgrund einer Baustelle für einige Wochen unpassierbar geworden ist. Taugt eine Routine nicht mehr, um ein praktisches Problem zu lösen, reagieren Menschen oft schnell, passen sich an und übernehmen eine andere Routine als Ersatz.

Vertreter der Political Correctness plädieren nun dafür, bestimmte Routinen und Konventionen abzuschaffen. Alle werden aufgefordert, Routinen und Konventionen, die bislang nicht oder kaum problematisiert worden sind, zu problematisieren.

Das kann verunsichern, zumal es aufwendig sein kann, geläufige Routinen durch andere zu ersetzen. Werden kulturelle Praktiken korrigiert, wird zumeist implizites Regelwissen durch moralische Urteile in explizites Wissen überführt: Es wird bewusst gemacht, um es dann absichtsvoll zu ändern. Die Praxis der Political Correctness besteht in moralisch begründeten Versuchen, Regelwissen zu ändern.

Die Beteiligten sollen Routinen und Konventionen nicht deswegen aufgeben, weil diese nicht mehr funktionieren (gesperrte Brücke), sondern sie sollen dies deshalb tun, weil sie eine bestimmte moralische Einsicht haben sollen (aus irgendeinem Grund ist es falsch, die Brücke zu nutzen).

Im Zuge einer solchen moralisch fundierten Transformation sollen oft unbewusste, verborgene Ungerechtigkeiten oder Strukturen, die für ungerecht gehalten werden, aufgedeckt werden. Das irritiert jene, die den Routinen und Konventionen bisher unkritisch gefolgt sind.

Genau an dieser Stelle zeigt sich die Grundstruktur des Streits um Political Correctness: Die Intervention, mit der etwas, das man für ungerecht hält, aufgedeckt wird, wird von einigen ihrerseits als ungerecht empfunden. Beide Seiten nehmen für sich in Anspruch, erkannt zu haben, das etwas ungerecht ist: die eine dadurch, dass sie eine Gruppe von Opfern ausmacht, die es mit der Intervention zu schützen und die es in ihr Recht zu setzen gilt. Die Gegenseite versucht, sich selbst als die Gruppe der Opfer der Intervention herauszustellen. Beide beanspruchen für sich einen Opferstatus und spielen damit von ihnen jeweils erhobene Ansprüche gegeneinander aus.

Der Streit um Political Correctness erschafft eine Art Arena kultureller Konflikte. Sie kann auch als ein absichtsvoll geschaffenes, eigenes Medium konkurrierender kultureller Selbstreflexionen verstanden werden. Die Eigenart dieses Mediums besteht darin, dass es den Streitparteien erlaubt, Positionen einnehmen zu können, ohne dass dies unmittelbar praktische Folgen zeitigt. Es wird gestritten, doch hat dies außerhalb des Mediums zumindest anfänglich keine tiefgreifenden gesellschaftlichen Konsequenzen.

Der Streit ähnelt zunächst einem *Spiel*, in dem geteilte kulturelle Praktiken behandelt werden, ohne diese Praktiken ernsthaft *aufs Spiel* zu setzen. In diesem Anfangsstadium ermöglicht der Streit eine ironische Distanzierung von der eigenen sozialen Ordnung, um diese selbstkritisch in Augenschein zu nehmen.

Doch wird aus dem Spiel schnell bitterer Ernst: Denn zum einen tendiert der Streit zur Polarisierung. Routinen und Konventionen abzuschaffen und neu zu schaffen ist einigen ein tiefes Bedürfnis, anderen erschließt sich der Sinn dessen ganz und gar nicht.

So entfernen sich Befürworter und Gegner der Änderung von Routinen oder Konvention immer weiter voneinander, delegitimieren sich gegenseitig und stellen oft sogar das Existenzrecht der jeweils anderen Position infrage. Die dabei zugefügten Verletzungen lassen sich oft nur schwerlich zurücknehmen. Sie können konkrete und schwerwiegende Folgen abseits des Spielfeldes nach sich ziehen.

Zum anderen ist nicht ausgeschlossen, dass die Ergebnisse eines solchen Streits, also ideelle Produkte des Wortwechsels, reale Wirkungen und Nebenwirkungen haben können. Neben rechtlichen Sanktionierungen von Routinen und Konventionen wäre an einen erstarkenden Rechtspopulismus, Wokeness oder Cancel Culture zu denken. Denn schnell zeigt sich, dass aus dem Spiel des Streits längst Ernst geworden ist: Was als spielerischer Streit begann, ist zu einem Kulturkampf geworden.

Kulturkämpfe

Der Kulturkampf um Political Correctness weist Parallelen zu einer Kontroverse auf, die in den 1980er Jahren in Deutschland hohe Wellen schlug: der sogenannte Historikerstreit. Dieser weist Eigenschaften auf, die für Kulturkämpfe typisch sind.

Der Historikerstreit entzündete sich an Thesen über den Nationalsozialismus, die der Geschichtswissenschaftler Ernst Nolte (1923–2016) vorgetragen hatte: Nolte hatte eine eigene historische Einordnung des Nationalsozialismus vorgenommen und diesen als deutsche Antwort auf die Gewaltherrschaft der Bolschewiken in Russland gewertet. Der sich daraus ergebende Vorwurf gegen ihn lautete, dass er den Nationalsozialismus als eine Reaktion auf andere Verbrechen zu rationalisieren versuche. Letztlich ging es um den Vorwurf, die Unvergleichbarkeit und den Ausnahmecharakter der nationalsozialistischen Verbrechen zu relativieren.[13]

Der Historikerstreit wurde zu einem moralisch gesättigten Kulturkampf um eine Konvention, also um eine informale Regel, der zufolge immer und ausnahmslos davon auszugehen sei, dass die nationalsozialistischen Verbrechen unvergleichbar und einzigartig sind.

Der Streit polarisierte und wirkte weit bis in die Öffentlichkeit, denn Noltes Thesen wurden nicht nur auf Fachkongressen und in wissenschaftlichen Journalen, sondern auch in Feuilletons der großen Tageszeitungen diskutiert. Dabei ging es um die Singularitätsthese, um die Schuldfähigkeit eines Volkes, das verführt wurde oder sich dies einzureden suchte, und um die moralische Standortbestimmung einer Gesellschaft, die ihre Geschichte in einer kollektiven Kultur symbolisiert, um die eigene Existenz in der Gegenwart zu ermöglichen.

Der Historikerstreit stellte kulturelle Selbstverständlichkeiten infrage und rüttelte an dem Weltbild und der Identität vieler Menschen in Deutschland.

Diese Verunsicherung lud den Streit zum Kulturkampf auf, der die Gesellschaft spaltete. Der Streit konnte nicht in einer Debatte ein für alle Mal beendet werden, sondern entzündete sich immer wieder an Neubewertungen der deutschen Geschichte, etwa in der ebenso polemisch geführten Debatte über die Thesen des Politikwissenschaftlers Daniel Goldhagen (*1959) oder in dem Zusammenzählen und Aufrechnen der Opfer kommunistischer Herrschaft im *Schwarzbuch des Kommunismus*.

Solche Kontroversen erschüttern Grundfesten einer Gesellschaft, weil in ihnen polarisierend und moralisierend über das kulturelle Selbstverständnis gestritten wird. Ihre inhaltliche Fixierung auf kulturelle Aspekte des Zusammenlebens von Menschen (Sprache, Symbole, Identitäten) und ihre Heftigkeit zeichnen sie als Kulturkämpfe aus. Zu ihnen zählt auch der Streit um Political Correctness.[14]

Kultur und Kulturkreise

Der Schlüssel zum Verständnis der Kulturkämpfe ist die Kultur selbst. Kultur ist eine Sache des Wissens und damit jedem, der wissen kann, eigen. Generell gilt für diesen Essay, dass die hier verwendeten Begriffe der Kultur und des Wissens kulturtheoretische und sozialwissenschaftliche Begriffe sind.[15] Man kann ihre Bedeutung selbstverständlich auch anders fassen. Es gibt konkurrierende Definitionen und Analysen der Begriffe, etwa in der Philosophie, auf die wir hier aber nicht näher eingehen können.

Weil Menschen in Gemeinschaften und Gesellschaften Ähnliches oder Gleiches erfahren, gemeinsam eine Sprache sprechen, Identitäten teilen und etwa an die Angemessenheit religiöser Weltinterpretationen glauben, wird dieses Wissen von ihnen geteilt. Menschen bilden und prägen gemeinsam einen Kulturkreis. Sie teilen somit nicht nur bestehendes Wissen, sondern schaffen, aktualisieren und modifizieren es gemeinsam.

Das Wissen eines Kulturkreises ist jedem, der an seinen Praktiken teilhat, zugänglich und kann auch von ihm verändert werden. Weil es weder genau eine kanonische Vorgabe, mit der die Kultur symbolisiert wird, noch einen Konsens bezüglich der kollektiven Dimension des Kulturkreises gibt (wer gehört aktuell dazu und wer nicht?), ist die kulturelle Orientierung nur durch Erzählungen, vorgelebte Praktiken und Gepflogenheiten verfügbar. Kultur ist interpretationsbedürftig, variabel, unsicher und angreifbar. Demnach schafft kulturelle Aneignung neben Selbstbewusstsein auch Selbstzweifel.[16]

Wirklichkeit wird kulturell konstruiert. Sie ist das Ergebnis langfristig geteilter Wissensprozesse und Handlungen an unterschiedlichen Orten. An diesen werden jeweils kollektiv unterschiedliche Wirklichkeiten, somit unterschiedliche Kulturkreise, geschaffen. Treffen deren Angehörige aufeinander, erkennen sie, dass es unterschiedliche Kulturkreise mit unterschiedlichen Sprachen, Sitten und Religionen gibt.

Dies kann zu gegenseitiger Akzeptanz mit der Möglichkeit eines Kulturaustauschs führen oder zu gegenseitiger Toleranz. Es kann aber auch dazu führen, dass Kulturkreise miteinander in Konkurrenz treten.

Halten Angehörige eines Kulturkreises ihren eigenen für überlegen, tendieren sie dazu, andere Kulturkreise abzuwerten und zu unterdrücken. In den Sozialwissenschaften wird dies als Kulturkampf bzw. als *Clash of Civilisations* bezeichnet.

Der Politikwissenschaftler Samuel Huntington (1927–2008) behauptete, dass es in sich geschlossene und einander gegenüberstehende Kulturkreise gibt. Mit dieser Annahme wird die Welt übersichtlich in kollektive Konfliktparteien eingeteilt. Huntington prognostizierte tiefe Spannungen zwischen den Kulturkreisen, die die Weltpolitik der Gegenwart bestimmen würden.

Doch haben sich die Kulturkreise im Zuge der Globalisierung enorm verändert. Die Mobilität großer Gruppen hat nicht nur zu Konflikten, sondern auch zu der Integration verschiedener Kulturkreise geführt.

Neue Kulturkämpfe

Darüber hinaus scheint mindestens in liberalen Demokratien die Orientierung an der Kultur des Kollektivs für Individuen an Bedeutung zu verlieren. Die soziale Basis moderner Wohlstandsgesellschaften ändert sich grundlegend: Lebensstile individualisieren sich immer mehr.

In liberalen Demokratien ist heute fast niemand mehr gezwungen, als Teil einer sozialen Schicht vorherrschende oder überkommene kulturelle Praktiken der Arbeit, des Konsums, des Essens oder des Reisens unhinterfragt zu reproduzieren.

Beinahe jede und jeder kann sich zum eigenständigen kulturellen Subjekt erklären und mittels Selbstentwurf und eigentümlicher Bastelarbeit seine eigene individuelle

Kultur schaffen. Man legt sich einen angeblich extravaganten Kleidungsstil oder überaus spezielle kulinarische Vorlieben zu und bevorzugt bestimmte Formen von Kunst und Ausdruck, um möglichst individuell zu erscheinen.

Auf diese Weise vervielfachen sich die Vorstellungen von Kultur in einer Gesellschaft. Etliche individuelle und kollektive Kulturvorstellungen prallen aufeinander. Auch hier zeigt sich, dass Kultur nicht statisch ist. Sie ist das Ergebnis historischer Erfahrungen, das vorübergehende Resultat kollektiver und individueller Handlungen.

Streite um diese Veränderungen sind die neuen Kulturkämpfe. Sie sind polarisierte Kontroversen um die Geltung *eines* bestimmten Konzepts von Kultur *in* einem Kulturkreis. Dabei geht es um eine immer größere Vielzahl an Themen: um Sprache, Kunstwerke und Umgangsnormen, um Kleidungsstile, Reiseziele und Essgewohnheiten, um Migration, Integration und Einstellungen zur Klimapolitik. Diese Ausweitung der Kulturkämpfe folgt der Ausweitung der Kulturalisierung.

Kultur als Ordnungskonzept ist nach der Säkularisierung und dem Bedeutungsverlust eines mobilisierenden, oft chauvinistischen Nationalismus zur wichtigsten Sinnressource für Menschen und kollektive Zusammenschlüsse geworden. So sollen Leitkulturen gemeinsame Werte begründen, die als Klammer komplexer Gesellschaften fungieren.

Gleichzeitig begründet die Kultur den eigenen, unverwechselbaren Lebensstil, mit dem man sich von anderen abhebt. Durch diesen Individualisierungsschub kultureller Selbstbestimmung wird Kultur dauernd neu popularisiert, stetig kommerzialisiert und konsumiert, wobei die Zyklen von Auf- und Abwertungen in Form von Moden immer kürzer werden.

Das Ideal der Selbstverwirklichung hat sich zu einem Leitbild für alle Bereiche des täglichen Lebens entwickelt, so dass selbst Profanstes wie das Essen kulturell aufgeladen, also kulturalisiert wird.[17] Es zählt zu den sozialen Kosten dieses Umstandes, dass die kulturalisierten Bereiche des Sozialen Gegenstand von Kulturkämpfen werden können.

Kulturkampf als Konflikttyp

Kulturkämpfe beziehen sich auf kulturelle Gegenstände und Praktiken, indem mit ihnen bestimmte Routinen und Konventionen auf den Prüfstand gestellt werden.

Ein Beispiel: Jede Sprache weist neben formalen Elementen wie Grammatik und Orthographie auch informale Elemente auf, die für die Bestimmung wichtig sind, welche Worte wann wie zu gebrauchen sind und wie situativ gesprochen werden soll. Nur im Gespräch kann man zu erspüren suchen, welches Wort und welcher Ton zu setzen sind und wie man kommunikativ etwas erreichen kann.

Kommunikation ist eine kulturelle Praxis, die eingeübt werden muss, um in einer Situation geltende, informale Regeln zu verstehen, zu erproben und sich anzueignen. Solche Regeln sind dann Konventionen, Übereinkünfte, die nirgends explizit festgehalten wurden, sondern als Regelwissen praktisch im Vollzug erlernt werden. Streitet man sich um Begriffe oder Wendungen, die nicht mehr genutzt werden sollen, streitet man sich um Regelwissen.

Der teils entfesselte Streit um die Besetzung von Themen in der Öffentlichkeit und um die Deutungshoheit über Reglementierungen, der zu Feindseligkeit führt, ist politikwissenschaftlich betrachtet nicht unerwartet. Laut bedeutenden Denkern des Politischen ist er gar der Standardmodus:

Der Jurist Carl Schmitt (1888–1985) verstand den Kampf zwischen Freund und Feind gar als charakteristisch für diesen Lebensbereich. Die jüngere Demokratieforschung bemüht sich dementgegen, die Potentiale des Ausgleichs divergierender politischer Positionen herauszuarbeiten. Mit diesem Ausgleich sollen tiefgreifende politische Konflikte, die liberale Demokratien zu zerreißen drohen, entschärft werden. Er kann gelingen.

So war es eine bedeutende Leistung liberaler Demokratien, in dem Antagonismus der Moderne, nämlich in dem Streit zwischen Arbeit und Kapital, also dem zwischen der einst sozial benachteiligten Arbeiterklasse und der besitzenden Klasse, durch Verhandlungen und Angebote so auszugleichen, dass die soziale Frage ohne Revolution beantwortet wurde.

Diese Fähigkeit liberaler Demokratien, Konflikte zivilisiert zu lösen, wird durch Kulturkämpfe in dreifacher Hinsicht herausgefordert:

1. Kulturkämpfe *politisieren* Routinen und Konventionen, die vorher nicht als politisch galten und oftmals gar nicht explizit ins Bewusstsein gelangt waren, da sie, wie angemerkt, nicht in irgendeiner Form explizit festgehalten wurden. Sie gehen dem *eigentlichen* politischen Diskurs über soziale Missstände und fundamentale Forderungen nach Gleichheit und Freiheit voraus.

Karl Marx (1818–1883) ging davon aus, dass das Sein das Bewusstsein prägt: Wer die Produktionsmittel besitzt, diktiert auch, was als Kunst gilt, wie Recht gesprochen wird usw. Das Verhältnis zwischen Kultur und ihren materiellen Grundlagen wird in Kulturkämpfen um Political Correctness umgedreht: So soll eine gendersensible Sprache dazu führen, eine diskriminierende Praxis aufzuheben. Das Bewusstsein ändere das Sein.

2. Kulturkämpfe sind immer sowohl politisch als auch moralisch, also nicht nur politisch ausgerichtet. Regelwissen wird auf der Basis moralischer Annahmen politisiert. So treten grundlegende *moralische* Differenzen zutage, die in liberalen Demokratien eigentlich keine besondere *politische* Bedeutung haben.

3. Kulturkämpfe stellen als politische Konflikte oft keine fairen Auseinandersetzungen zwischen gleichen Gegnern dar. Dies liegt etwa dann vor, wenn eine marginalisierte Gruppe und deren Sympathisanten sich gegen eine Mehrheit darum bemühen, Routinen und Konventionen, die sie ihrer Meinung nach benachteiligen, aufzuheben. Dabei verfügen die unterschiedlichen Gruppen jeweils über mehr oder weniger Macht und Einfluss in der Gesellschaft. Dies ist an sich trivial, muss allerdings beachtet werden.

Ein Kulturkampf ist ein bestimmter Konflikttyp – ein aufgrund von moralischen und politischen Erwägungen geführter Streit eskaliert. In diesem Streit geht es um inzwischen politisiertes Regelwissen, das in und durch kulturelle Praktiken konventionalisiert worden ist. Als Wissen einer Regelbefolgungspraxis wird dieses von einigen hinterfragt. Wird es aber von anderen weiter nicht infrage gestellt, die ihrerseits eine Fortsetzung der Regelbefolgungspraxis einfordern, spitzt sich der Konflikt zu.

Ein Kulturkampf setzt also nicht am realen Vollzug der Praktiken an, sondern an dem Regelwissen, das den Praktiken zugrunde liegt und dessen Veränderung zu einer Neuausrichtung der Praktiken führen soll.

Das Dilemma der Kulturkämpfe

Warum bereitet genau der Konflikttyp Kulturkampf liberalen Demokratien solch große Probleme?

Kulturkämpfe sind Wissenskonflikte. Weil kulturelle Praktiken lebendig umgesetzt werden und es keine praktische Notwendigkeit gibt, sie zu verwerfen, müssen die verschiedenen Positionen zu diesen Praktiken nicht miteinander vermittelt werden. Oder anders ausgedrückt: Wenn man sich nicht einigt, funktionieren die alten Praktiken weiterhin.

Müssten die Streitparteien hingegen zusammenkommen, um neue Routinen und Konventionen zu entwickeln, würde es zu einer praxistauglichen Lösung kommen müssen. Weil aber der Kulturkampf um das korrekte Sprechen *von außen* in einen funktionierenden Sprachgebrauch hineinwirkt, können sich die Konfliktparteien im Prinzip beliebig Zeit dabei lassen, darüber zu streiten, ob die Routinen und Konventionen legitim sind oder nicht.

Während sich die Mitglieder einer Gesellschaft im Alltag weiterhin in der konventionalisierten Sprache austauschen und die Bildung der Kinder, den öffentlichen Nahverkehr und die medizinische Versorgung praktisch organisieren können, kann im *virtuellen Raum* der Kulturkämpfe erbittert um die gerechte Neuformulierung der Sprache gestritten werden, ohne dass die Gefahr besteht, dass Kindern kein Unterricht mehr erteilt wird, der Bus nicht kommt und man nach einem Unfall nicht medizinisch versorgt wird.

Da die Diskussion keine direkten praktischen Auswirkungen hat, können alle Parteien auf ihren moralisch begründeten Maximalpositionen bestehen. Der teils *spielerische* Charakter von Kulturkämpfen bringt die Parteien jedoch auch durch die Schärfe und Kompromisslosigkeit dieser Auseinandersetzungen in eine Lage, in der keine Lösung möglich zu sein scheint. Dies fordert demokratische Systeme funktionell heraus und kann sie im schlimmsten Falle überfordern.

Um das Dilemma besser zu verstehen, können Überlegungen aus der Spieltheorie helfen, ohne dabei deren weitgehende Implikationen, etwa die, dass sich jeder Mensch nur dann rational verhält, wenn er seinen eigenen Nutzen zu maximieren sucht, übernehmen zu müssen:[18]

In dem Streit um Political Correctness will eine Gruppe bestimmte sprachliche Regeln durchsetzen, die andere will das nicht. Sie müssen nicht miteinander kooperieren oder einen Kompromiss finden, weil sie nicht dazu gezwungen sind, sich miteinander zu verständigen. Ginge es um rein pragmatische oder genuin politische Fragen, die nicht moralisch aufgeladen sind, dann wäre es möglich, einen Kompromiss zu finden.

Doch die Fragen sind moralisch aufgeladen: Die eine Seite behauptet, dass nur ihre Regelung moralisch und auch politisch richtig ist. Also ist für sie kein Kompromiss denkbar.

Aufgrund der Moralisierung beharren dann beide Streitparteien auf ihren Positionen. Dies ist für sie attraktiv. Weil der Zwang fehlt, aufeinander zugehen zu müssen, gewinnt man jeweils, indem man dem anderen nicht die Hand reicht und nicht verhandelt. Würde der andere die Hand reichen, wäre dies umso besser, weil dies den Glauben an die Richtigkeit der eigenen Position stärkt.

Im Sinne der Spieltheorie liegt eine *Deadlock*-Konstellation vor, in der es beide Seiten vorziehen, nicht zu kooperieren. Sie suchen keinen Ausgleich. Sie können nur dann *gewinnen*, wenn sie bei ihrer kompromisslosen Haltung bleiben, weil sie auf diese Weise entweder irgendwann die andere Seite zwingen, aufzugeben, oder dann, wenn beide Seiten auf der Umsetzung bzw. auf der Ablehnung neuer Regeln bestehen, ein Gleichgewicht erreicht wäre. Schematisch kann man dies so veranschaulichen:

Fall	**Streitpartei A: Pro Political Correctness mit Auszahlung**	**Streitpartei B: Contra Political Correctness mit Auszahlung**
Verhandlung mit Ergebnis: Es gibt neue Regeln.	3	0
Verhandlung mit Ergebnis: Es gibt keine neuen Regeln.	0	3
Verhandlung mit Ergebnis: Es gibt einen Kompromiss.	1	1
Keine Verhandlung, sondern Fortsetzung des Streits.	2	2

Die Auszahlungen für die beiden Spieler machen unmittelbar deutlich, warum sie nicht kooperieren: Sie verlieren, wenn sie kooperieren. Streben sie stattdessen keinen Ausgleich an, gewinnen sie. Dies gilt unabhängig davon, wie sich der jeweils andere entscheidet. Mit anderen Worten: Für jede Seite lohnt es sich, auf dem moralisch fundierten eigenen Standpunkt zu bestehen. Außerdem bedarf es keines Kompromisses, weil es im Wesentlichen um die moralische Beurteilung der Interventionen in Routinen und Konventionen geht.

Aufgrund ihres Spielcharakters entwickeln sich Kulturkämpfe zu einem politischen Dilemma. Die Pattsituation verhindert einen realen Ausgleich. Stattdessen sorgt sie dafür, dass jede Seite ihre Position mit aller Kraft durchsetzen will. Sollte eine Gruppe aber die Macht haben, den Kampf für sich zu entscheiden, wird es gefährlich: Kulturkämpfe werden zu Sprengstoff.

Offenkundig vereinfacht dieser Ausflug in die Spieltheorie. Das Thema des Streits lässt sich oft nicht so genau umreißen, dass eine Partei exakt das Gegenteil der Meinung der anderen vertritt. Vielleicht ändert sich das Thema auch im Verlauf des Streits.

Doch zeigt das Beispiel, wie attraktiv es ist, an einem bestimmten Punkt um des Punktes selbst willen zu verharren, und wie gefährlich es werden kann, wenn die Pattsituation nicht dadurch aufgelöst wird, dass man einen Kompromiss findet, sondern dadurch, dass Gewalt ausgeübt wird, wenn eine der Streitparteien die Macht übernimmt.

Das Dilemma fördert eine Pattsituation, in der Kulturkämpfe oft verharren, und stellt jede liberale Demokratie vor große Herausforderungen. Der Kampf um kulturelles Regelwissen polarisiert. Und diese Polarisierung verhindert einen Ausgleich. Auf Dauer könnte sie die Möglichkeiten einer Demokratie unterminieren, Konflikte überhaupt zu lösen.

In liberalen Demokratien müssen Interessengruppen Kompromisse eingehen können. Nur in den allerseltensten Fällen wird sich eine Ansicht vollständig gegen große Widerstände durchsetzen lassen.

Oft hilft es auch, in einer Frage nachzugeben, um dann bei einem anderen Problem auf die eigene Kompromissfähigkeit hinzuweisen und diese bei der neuen Frage von anderen Gruppen einzufordern. Dies bedingt eine Zivilisierung politischer Konflikte. Es gibt weder die Motivation noch die umfassende Möglichkeit, den politischen Gegner dauerhaft zu *besiegen*. Stattdessen bestimmt der Kompromiss das politische Geschehen.

Zudem haben sich aufgrund der wohlfahrtsstaatlichen Dimension moderner Konflikte in der liberalen Demokratie mit Koppelgeschäften zufriedenstellende Lösungsmechanismen etabliert. Dabei werden zwei Konflikte so aneinandergekoppelt, dass das Nachgeben in einem Streitpunkt mit einem vorteilhaften Kompromiss in einem anderen verbunden wird.

Diese Lösungsmechanismen funktionieren bei Kulturkämpfen nicht. Zum einen liegen die präferierten Lösungen der Streitparteien sehr weit auseinander. Zum anderen hat die Politisierung der Kultur neben dem Kulturkampf um Political Correctness weitere Kämpfe entfesselt, in denen man sich unversöhnlich gegenübersteht. Diese Gemengelage erschwert die Suche nach friedlichen Lösungen.

Drei Punkte behindern eine friedliche Konfliktlösung in der Demokratie, so der Demokratieforscher Adam Przeworski (*1940): Es werde schwieriger, eine friedliche Lösung zu finden, »je weiter (a) die höchsten Präferenzen verschiedener Personen auseinanderliegen, wenn (b) der mit den Abweichungen von diesen idealen Präferenzen verbundene Verlust besonders groß ist und wenn (c) Bruchlinien sich überlagern«[19].

Wenn keine Güter im *virtuellen Raum* des Kulturkampfes verteilt werden können, dann ist die einfache Form eines Kompromisses durch deren Umverteilung und Neuverteilung ausgeschlossen.

Zudem sperren sich die Streitparteien gegen konstruktive Zwischenlösungen. Die Option, auf die eigene Position zugunsten pragmatischer Bemühungen zu verzichten, ist für sie unattraktiv. Kulturkämpfe in der liberalen Demokratie sind demnach Konflikte, die den Anschein erwecken, unlösbar zu sein.

Muss man sich nun Sorgen machen, solange die politischen Institutionen funktionieren? Der Staat und politische Parteien sollten eigentlich in der Lage sein, diese Konflikte durch Wahlen oder die Kanalisierung von übertriebenen oder radikalen Meinungen zu lösen.

Doch fällt es in liberalen Demokratien schwer, diese Streite zu strukturieren. Man versteht sich allzu schnell nicht als Gegner im demokratischen Spiel unterschiedlicher Interessen und Positionen, sondern als unversöhnliche Feinde.

Die besonders in Deutschland beobachtbare Delegitimierung populistischer Parteien projiziert die Unversöhnlichkeit des *Deadlocks* in die politische Realität.[20] Wo man einander wahlweise als elitäre Gegner des einfachen Volkes oder als rechtsradikale Feinde der Demokratie schilt, wird es schwierig, Kompromisse zu schließen.

Ein weiteres Problem für liberale Demokratien, solche Konflikte zu lösen, besteht darin, dass die einander widerstreitenden Gruppen unterschiedlich viel Macht haben. Wenn die Positionen und damit auch Strategien der Streitparteien politisch-ökonomisch begründet werden können, dann lässt sich hinter dem Kulturkampf möglicherweise ein tiefgreifenderer Kampf zwischen Gruppen oder Klassen ausmachen, der zu verschleiern versucht wird.

Die Kulturwissenschaftlerin Catherine Liu (*1964) untersucht die Tugenddebatte der US-amerikanischen Liberalen dementsprechend kritisch und wertet sie als den Versuch, mit moralischen Stigmatisierungen die kulturelle Überlegenheit der sogenannten professionellen Managerklasse gegenüber der Arbeiterklasse zu rechtfertigen und soziale Themen so weit wie irgend möglich auszuklammern.

Gesellschaftlich ungemein wichtige politisch-ökonomische Probleme werden so gar nicht erst thematisiert, bleiben also verborgen. Liu kritisiert: Statt über relevante soziale Folgen des Kapitalismus zu sprechen, beschränkt man sich in dem von ihr untersuchten Diskurs bewusst auf Vorurteile statt auf Gleichheit, auf Rassismus statt auf Kapitalismus und auf Sichtbarkeit statt Ausbeutung.[21]

Eine große Gefahr für die Fähigkeit liberaler Demokratien, Konflikte interessenausgleichend zu lösen, besteht darin, dass konfliktstrukturierende Institutionen des Staates genutzt werden könnten, um kulturelles Regelwissen zu formalisieren. Sollten staatliche Institutionen dann für die Sache eine der beiden Streitparteien *eingespannt* werden, hätte das direkte Auswirkungen für alle.

Kulturkämpfe könnten als Versuche verstanden werden, in der Demokratie die Tyrannei der Mehrheit zu bändigen. Alexis de Tocqueville (1805–1859) war der Meinung, dass eine Übermacht der Mehrheit zur Willkür gegenüber einer Minderheit führen kann.[22] Im Kulturkampf verstehen sich oft beide Seiten als die eigentliche Minderheit, die es vor der antizipierten Mehrheit zu schützen gilt.

Entsprechend schlägt das Bedürfnis nach Schutz in sein Gegenteil um: in die Tyrannei der Minderheiten. Kulturell, nicht politisch gesehen definierte Gruppen erheben den Anspruch, dass ihre Identität geschützt wird, weil sie sich vor der antizipierten Mehrheit, die ihnen angeblich feindlich gesinnt ist, fürchten.

Wird immer mehr Schutz von immer mehr tatsächlichen oder vermeintlichen Minderheiten vor der Tyrannei der tatsächlichen oder vermeintlichen Mehrheit eingeklagt, wird es schwierig. Die liberale Demokratie wird dann immer stärker geprägt von einem Präventionsdenken. So entstehen »Präventationsregime«[23].

Vertreter der Political Correctness versuchen, präventiv vorzugehen: Durch eine bereinigte und damit gereinigte Sprache oder Erinnerungskultur sollen Irritationen und

Beleidigungen der als Minderheit wahrgenommenen Gruppe durch die als solche wahrgenommene Mehrheit ein für alle Mal ausgeschlossen werden.

5 Erfolg und Krise des Liberalismus

Derzeit stehen sich Vertreter und Gegner der Political Correctness mit liberalen Einstellungen oft unversöhnlich gegenüber. Sie sind sich ähnlicher, als es die Schärfe der öffentlichen Auseinandersetzungen vermuten lässt.

Diese überraschende Einsicht wird von empirischen Befunden gestützt. Der Soziologe Steffen Mau (*1968) hat mit Kollegen geprüft, ob sich in den politischen Einstellungen der Bürger in Deutschland widerspiegelt, dass sich die Gesellschaft immer mehr spaltet. Statt einer Vielzahl unversöhnlicher Positionen fanden sie nur wenige Triggerpunkte, an denen sich emotionalisierte Debatten entzünden. Demzufolge hat beispielsweise das Gendern, für uns wenig überraschend, das Potential, zu triggern.

Warum triggern Themen? Vor allem deshalb, weil mit ihnen tief verwurzelte »moralische Überzeugungen, Selbstverständnisse, Alltagskosmologien und Rechtfertigungsmuster«[24] infrage gestellt werden. Gemäß Mau und Kollegen sind es vier Themenbereiche, die zu scharfen Auseinandersetzungen provozieren:

1. Die Ungleichbehandlung angesichts einer stark ausgeprägten Erwartung der Gleichbehandlung.
   Wenn Gleiche ungleich oder Ungleiche gleich behandelt werden, dann kann dies Menschen empören. Das betrifft etwa die Anerkennung bzw. die Diskriminierung von Menschen unterschiedlicher ethnischer Gruppen.
2. Verstöße gegen die *Normalität.*
   Das sogenannte Normale wird in einer Gesellschaft durch eine Vielzahl informaler Regeln und Konventio-

nen definiert. Die Feststellung des Normalen schafft Erwartungssicherheit für den Einzelnen in der Komplexität seiner sozialen Beziehungen. Das Normale ermöglicht es dem Einzelnen, sich in der Gesellschaft zu verorten und somit auch, sich selbst in einer bestimmten Weise zu begreifen. Wenn gegen Normalität verstoßen wird, dann stellt dies das Selbstverständnis infrage, was einen Abwehrmechanismus auslöst.

3. Die Sorge vor Kontrollverlust durch Entgrenzung.
Wenn Menschen etwa annehmen, dass staatliche Regulierungen und Beschränkungen außer Kontrolle geraten könnten, dann erzeugt dies Zukunftsangst.
4. Die Zumutung, das eigene Verhalten grundlegend ändern zu müssen.
Wird mit politischen oder moralischen Begründungen versucht, Verhaltensroutinen anzupassen, kann das als ein autoritärer Eingriff in die persönliche Autonomie verstanden werden.

Weil Vertreter der Political Correctness Vorstellungen von Normalität kritisieren und Anpassungen von Verhaltensroutinen einfordern, liegt es auf der Hand, dass sie triggern.

Erfolg des Liberalismus

Die Analyse der Triggerpunkte lässt sich argumentativ nutzen, um populistischen Prophezeiungen über das bevorstehende Ende der liberalen Demokratie den Wind aus den Segeln zu nehmen. Die kulturelle Einheit der Gesellschaft, auf die sie sich ja in ihrem Selbstverständnis beruft, ist nicht verloren. Gerade deswegen könnte der Streit um Political Correctness auf weniges eingegrenzt werden.

Aus der Konkurrenz liberal gesinnter Streitparteien kann auf die Dominanz des Liberalismus als politische Ideologie geschlossen werden.

Es ist festzuhalten, dass der Liberalismus seit den 1980er Jahren in vielen Formen gesellschaftlich wirksam geworden ist: Er tritt auf als politische Ideologie zur Befreiung des Individuums aus jeglicher Bevormundung, als eine politische Theorie zur umfassenden Deregulierung der Gesellschaft (Neoliberalismus) oder als normativ begründete Orientierung, mit der für die Abschaffung politischer Herrschaftssysteme etwa in Ostmitteleuropa plädiert wird.

In dieser Vielschichtigkeit lässt sich der Liberalismus als ein umfassendes politisches Orientierungsangebot verstehen, das auf der Grundlage normativer Werte wie Freiheit und Autonomie umfassende Problemlösungsansätze für Gesellschaften anbietet.[25] Diese können von unterschiedlichen politischen Lagern und Parteien adaptiert und zu konkurrierenden Vorschlägen notwendiger gesellschaftlicher Veränderungen ausformuliert werden.

Mit der Fähigkeit des Liberalismus, unterschiedlichsten Anforderungen in vielen gesellschaftlichen und sozialen Bereichen gerecht zu werden, wurde in seinem Namen umfassender sozialer Wandel organisiert.

Krise des Liberalismus

Angetreten mit dem Versprechen, gesellschaftliche Probleme zu lösen, hat der Liberalismus selbst neue Probleme geschaffen, die er anscheinend nicht mehr zu lösen vermag. Die Erschöpfung des Liberalismus erzeugt dessen Krise.

So hat die wirtschaftsliberal begründete Deregulierung der Wirtschaft keine nachhaltige Prosperität geschaffen. Teils hat sie zu sozioökonomischen Verwerfungen geführt, deren deutlichste der Abstieg der Mittelklasse ist. Industrien wandern dorthin ab, wo billiger produziert werden kann. Gleichzeitig werden aus Sorge vor Konkurrenz neue Restriktionen im Welthandel eingeführt, und Staaten subventionieren Unternehmen.

Ein anderer Fall: Die liberal unterstützte Diversifizierung individualistischer Lebensstile bedingt immer neue Diversität. Die Diversifizierung befriedet nicht, sondern befeuert einen ständigen Kampf um die Anerkennung immer neuer Weisen, als Subjekt besonders zu sein.

Dass sich liberale Positionen gegenüberstehen, verweist auf die Dominanz des Liberalismus. Diese führt dazu, dass sich Widerspruch und Kritik nur in Akzeptanz des Liberalismus überzeugend formulieren lassen. Kritik an Defiziten in liberalen Demokratien kann erfolgversprechend nur als liberale Kritik vorgetragen werden. Ideologisch anders geartete Kritik dringt nicht schlagend durch.

Political Correctness mit ihrem Drang, den Sprachgebrauch und öffentliches Darstellen zu regulieren, wird mit der Ermöglichung der Freiheit der Diskriminierten und Marginalisierten auf der einen und der daraus resultierenden Notwendigkeit der Einschränkung der Freiheit der Diskriminierenden und Marginalisierenden auf der anderen Seite begründet. Gegner der Political Correctness berufen sich ebenfalls auf die Freiheit. Liberale Annahmen konkurrieren darum, den *besseren* Liberalismus zu vertreten.

Dies erinnert an eine eng verwandte Einschätzung zur Lage der Demokratie, der zufolge die Demokratie und die Kritik an ihr in Selbstreferenz gefangen sind.

Demokratische Institutionen, die Mängel aufweisen, werden oft mit den Vorwürfen, dass sie der *eigentlichen* Demokratie nicht gerecht werden oder dass sie dem Ideal der *wahren* Demokratie nicht entsprechen, kritisiert. Der Politikwissenschaftler Philip Manow (*1963) formuliert zuspitzend, dass die Kritik an der Demokratie Teil eines Prozesses der »Demokratisierung der Demokratie« ist.[26]

Wenn wir Manows Wendung auf den Gegenstand des vorliegenden Essays übertragen, dann sind Political Correctness und der Streit um sie als Versuche zu begreifen, die Krise des Liberalismus mit der Liberalisierung des Liberalismus zu überwinden.

Liberalisierung des Liberalismus

Vertreter verschiedener liberaler Positionen kämpfen nun um den Ausweg aus der Krise, indem sie über die *richtige* Liberalisierung des Liberalismus streiten. Der Konflikt entzündet sich auf der Ebene des Alltags etwa an der Nennung eines Begriffs oder an der Frage, in welche Länder man Urlaubsreisen unternehmen darf und in welche nicht.

Bevor wir im letzten Kapitel mögliche Optionen diskutieren, um den Streit zu befrieden, müssen wir auf einen Zusammenhang hinweisen, den es unbedingt zu beachten gilt, wenn, von wem auch immer, für eine Liberalisierung des Liberalismus eingetreten wird.

Individuelle Freiheit und politische Gleichheit als Werte

des Liberalismus werden oft als Elemente für die Begründung einer politischen Ordnung verstanden, in der so viel Individualität wie möglich befördert werden soll. Doch darf nicht übersehen werden, dass diese Werte erst *in* Gesellschaften, die Einheiten von Individuen sind, manifestiert und politisch adressierbar sind.

Der Anspruch der Menschen auf ihre individuelle Freiheit und politische Gleichheit entsteht in Einheiten, in denen sie sich jeweils und gemeinsam an Regeln halten, wodurch sie in einer kollektiven *Regelgemeinschaft* koexistieren. Erst diese Koexistenz ermöglicht es Individuen, sich als freie und gleiche Subjekte zu begreifen. Ohne die kollektive Dimension bliebe nur der atomisierte Einzelne.

Der Hinweis auf die kollektive Dimension zeigt, dass auch jedem liberal Denkenden klar sein muss, dass die Einheit eine zentrale Funktion hat. Dies muss in der Diskussion über die Liberalisierung des Liberalismus immer mitgedacht werden.

Unabhängig davon, welche liberalen Positionen um Geltung ringen: Auch in dem Streit um Political Correctness dürfen deren Vertreter und deren Gegner nicht übersehen, dass auch jene, die widerstreitende Positionen vorbringen, als notwendige Bestandteile der gemeinsamen politischen Koexistenz anzusehen sind.

6 Wie weiter?

Der Streit um Political Correctness scheint derartig aus dem Ruder gelaufen zu sein, dass es wie aussichtlos wirkt, ihn schlichten zu können. Allenfalls scheinen zwei pessimistische Szenarien vorstellbar:

1. Falls die Streitpartei, die für Political Correctness eintritt, ihre Position unter Mithilfe staatlicher Institutionen legalisiert, also in formales Recht überführt, wird eine entsprechende Änderung von Praktiken und Routinen offiziell erzwungen. In diesem Fall wird die andere Streitpartei nachgeben müssen.

Eigentlich. Doch je mehr sich deren Vertreter dann zur Wehr setzen, desto mehr Rechtsbrüche, die zu bestrafen sind, werden sie begehen. Die staatlichen Institutionen müssen geltendes Recht durchsetzen. Dies müssen sie auch dann tun, wenn dieses Recht den Interessen vieler Bürger nicht entspricht. Diese Konstellation würde gesellschaftliche Unruhe stiften.

2. Dies wäre die weitere Verschärfung des Streits, die sogar gewaltsame Auseinandersetzungen verursachen könnte. Der Kulturkampf würde sich derart zuspitzen, dass sich die einstigen Streitparteien als Erzfeinde gegenüberstehen. Mit einem geschwächten staatlichen Gewaltmonopol wäre gar ein Bürgerkrieg denkbar, wie er für die USA zur Amtszeit (2017–2021) und nach der Präsidentschaft Donald Trumps (*1946) befürchtet wurde.

Wir wollen aber nicht den Teufel an die Wand malen. Deswegen fragen wir, wie ein optimistisches Szenario aussehen könnte. Zwei Schritte müssten erfolgen, um dieses Szenario wahrscheinlich werden zu lassen:

1. Es müsste eine *ideelle Brücke* zwischen den Streitparteien gebaut werden. Mit der beidseitigen Anerkennung liberaler Annahmen lassen sich wechselseitig gleiche Motive beim vermeintlichen Gegner finden.
2. Bestehende Routinen und Konventionen, die laut Vertretern der Political Correctness zu verändern sind, sollten auf den Prüfstand gestellt werden. Sie sollten eine *Inventur* erfahren. Erst nach einer gründlichen Sichtung sollte man gegebenenfalls in die Routinen und Konventionen eingreifen.

Während der Sichtung könnte man die eine oder die andere Irritation auflösen. So würde man mögliche Brandherde lokalisieren, um Brände löschen zu können und neue nicht entstehen zu lassen. Jeder Streit als Kulturkampf sollte so in einen Konflikt umkonstruiert werden, der demokratisch lösbar ist.

Erster Schritt: Wiederentdeckung der eigenen Motive

Dass in liberalen Demokratien der Großteil der Vertreter und der Gegner der Political Correctness liberale Grundannahmen teilt, wird zum einen in der Öffentlichkeit im Allgemeinen, zum anderen von den Streitparteien im Speziellen zu wenig beachtet. Der jeweils anderen Streitpartei werden bestimmte Beweggründe unterstellt, ohne zu ergründen, dass zumindest einige von ihnen geteilte sind, die verbinden sollten, anstatt zu trennen.

Dass nicht verbunden wird, ist angesichts der Vehemenz und Lautstärke, in der sich gegenseitig abgewertet wird, nicht verblüffend; auch nicht angesichts der teils illiberalen Auswüchse und antiliberal vorgetragenen Zurückweisungen an politischen Rändern.

Doch im Kern haben wir es mit etwas zu tun, das man einen Bruderstreit oder, um es diskursgerecht zu bezeichnen, einen Geschwisterstreit nennen kann. Es ist ein Streit zwischen teils gleichen, teils ungleichen Geschwistern, nicht zwischen unversöhnbaren Feinden. Sie stehen sich, wenn man die sie treibenden Motive bestimmt, nicht *als* Feinde gegenüber, auch wenn die Weise, in der der Streit ausgetragen wird, sie dazu verleitet, sich *wie* Feinde vorkommen zu müssen.

Eine Aufgabe derer, die daran interessiert sind, den Streit mindestens zu mäßigen und die liberale Demokratie zu stützen, besteht darin, auf gemeinsame Wurzeln der Streitparteien hinzuweisen. Damit eröffnen sie die Möglichkeit, einander besser zu verstehen und gegenseitig Akzeptanz zu fördern.

Zweiter Schritt: Inventur vor Intervention

Die Offenlegung der jeweiligen Motive ermöglicht eine Vermittlung zwischen den Streitparteien. Auf diese Weise kann es gelingen, dass unterschiedliche Zugänge zum Verständnis von Routinen und Konventionen jeweils nicht voreilig abgewertet, sondern angemessen verstanden werden.

Gegner der Political Correctness sollten anerkennen, dass Routinen und Konventionen neu bewertet und oft auch geändert werden können. Vertreter der Political Correctness sollten wiederum anerkennen, dass Routinen und Konventionen letzten Endes für *beide* Streitparteien sehr wichtig sind, gar einen Eigenwert besitzen können.[27]

Wenn einerseits akzeptiert wird, dass Routinen und Konventionen allein durch den gemeinsamen Vollzug Elemente der sozial konstruierten Wirklichkeit sind und dadurch selbst besonders wertvoll sein können, und wenn andererseits akzeptiert wird, dass etwa der Gebrauch der Sprache und anderer Symbolsysteme sich ändern kann, dann könnte der Streit um Political Correctness anders als bislang geführt werden.

Vielleicht würde es dann nicht mehr darum gehen, eine als ungerecht identifizierte sprachliche Routine sofort radikal verändern zu wollen. Es könnte zunächst darüber diskutiert werden, wie ein bestimmter Sprachgebrauch unsere Sicht auf die Welt prägt. Sprache wird kollektiv geteilt. Sie gibt Orientierung. Wenn Personen sich durch eine sprachliche Praxis diskriminiert sehen, scheint etwas schiefzugehen.

Indes gestattet das, was kollektiv geteilt wird, Abweichungen. Jeder kann sich und seiner Person eine eigene Bedeutung zuschreiben, die möglicherweise quer zu sprachlichen Konventionen liegt.

Diese Selbstzuschreibung kann aber nur angesichts der kollektiv geteilten Sprache und der durch sie vermittelten Wirklichkeit erfolgen. Ohne sie wäre die spezielle Selbstzuschreibung unmöglich. Daher sollten sich Kritiker von Routinen und Konventionen von der Vorstellung verabschieden, dass sie in diese *radikal* eingreifen können.

Stattdessen sollten alle, also auch Vertreter der Political Correctness, anerkennen, dass der von ihnen kritisierte

Sprachgebrauch es erst *ermöglicht*, Erfahrungen von Ungerechtigkeit zu erkennen und zum Thema zu machen.

Vor diesem Hintergrund sind die Positionen zu Political Correctness vermittelbar. Bleiben wir bei der gemeinsam geteilten Sprache, um dies verständlich zu machen: Wohl wissend, dass sie Regeln enthält, die offen und veränderbar bleiben, müssen und werden einige von ihnen auf den Prüfstand gestellt.

Die Prüfung kann nur dann erfolgreich sein, wenn allen bewusst ist, dass Sprache sich immer ändert (und dies auch tun muss, denn Sprache ist lebendig) und also offen ist. Hinzu kommt, dass allen klar sein muss, dass Veränderungen nicht als vielleicht normativ gerechtfertigte Interventionen *von außen* in die Praxis des Sprechens hinein erfolgen können.

Jede Prüfung des Sprachgebrauchs ist eine Inventur des Sprachgebrauchs. Sie wird von den Gebrauchenden selbst vorgenommen. Sie ist eine Praxis der gemeinsamen Reflexion im Medium der Sprache.

Sprachlich verbundene Kollektive werden durch eine Vielzahl nicht fixierter, informaler und impliziter Regeln zusammengehalten. Ohne sie könnte Ungerechtigkeit in der Inventur nicht aufgedeckt werden.

Die Inventur ermöglicht die gemeinsame Suche nach tatsächlichen oder vermeintlichen Beleidigungen und die Begründung *starker* Kritik. Sie macht diese noch stärker und verhindert gleichzeitig, dass mit der Suche nach Ungerechtigkeit vorschnell immer mehr Routinen und Konventionen unter Verdacht gestellt werden.

Sich dessen bewusst zu werden, als Teil der Inventur, ist unseres Erachtens ein Schlüssel, um einer unnötigen Politisierung des Streits um Political Correctness vorzubeugen.

Selbstverständlich garantieren diese Erkenntnisse nicht, dass der Streit um Political Correctness friedlich beigelegt werden wird. Die Streitparteien können sich weiterhin in ein Patt hineinmanövrieren, das einen Kulturkampf anheizt. Deswegen ist es ratsam, auch demokratietheoretisch darüber nachzudenken, welche Mechanismen zu einer Mäßigung oder Beendigung des Streits beitragen können.

Lösbarkeit des Unlösbaren?

Wenn man sich demokratietheoretisch nähert, muss zunächst eine große Frage gestellt werden: Darf in liberalen Demokratien beispielsweise über die Zulässigkeit des Gebrauchs von Begriffen und Wendungen *politisch* entschieden werden?

Es ist evident, dass der Streit um Political Correctness in liberalen Demokratien geführt wird; es ist evident, dass er von Bürgern und, immer mehr, zwischen und in politischen Parteien geführt wird; es ist evident, dass Vertreter der Political Correctness danach streben, die Reglementierungen, die sie als richtig erachten, notfalls staatsinstitutionell durchzusetzen.

Auch wenn dies alles deskriptiv festzustellen ist, muss die normative Frage erlaubt sein, weswegen die Inventur der Routinen und Konventionen in einer liberalen Demokratie überhaupt politisiert werden sollte. Sollte etwa politisch reguliert werden, welche Begriffe in der Kommunikationspraxis verwendet werden dürfen? Zwei Antworten bieten sich an:

1. Man könnte die Politisierung der Kommunikationspraxis in liberalen Demokratien grundsätzlich ablehnen, weil sie sich ohne politische Reglementierung in der Gesellschaft entwickelt und ausschließlich von den Bürgern getragen wird. Dies sollte man aus einer demokratietheoretischen Perspektive nicht zu revolutionieren suchen.
2. Oder man könnte an genau dieser Stelle politischen Handlungsbedarf sehen: Weil es zu einer immer weiter fortschreitenden kulturellen Pluralisierung in der Gesellschaft kommt, die immer mehr Individualität erlaubt und fördert, damit aber auch den Einzelnen überfordern und zu Konflikten führen kann, muss nach politischen Bestimmungen der Kommunikationspraxis gesucht werden.

Der Soziologe Andreas Reckwitz (*1970) schlägt entsprechend vor, dass die »Arbeit an kulturellen Grundwerten« und an der kulturellen Praxis von politischer Seite »nicht länger nach Art eines Laisser-faire-Liberalismus [...], für den ›Kultur‹ eine Frage des Privaten oder des Ökonomischen ist«[28], vernachlässigt werden darf. So gesehen wäre Political Correctness keine private Angelegenheit, sondern müsste als genuin politische Herausforderung verstanden werden.

Wie aber lassen sich, um bei dem Kernthema der Political Correctness zu bleiben, sprachliche Konventionen politisch bestimmen und festlegen?

Eine politische Intervention würde in einer liberalen Demokratie von zwei Punkten ausgehen:

1. Zum einen müsste die Art der Partizipation der Bevölkerung definiert werden. Weil der Prozess der Bestimmung und Festlegung sprachlicher Konventionen anders als Prozesse, mit denen traditionelle politische Probleme zu lösen versucht werden, noch nicht durch strukturierte Interessen organisiert ist, werden die Positionen von politischen Parteien nicht klar repräsentiert. Mittlerweile setzte durch den Aufstieg populistischer Parteien in einigen liberalen Demokratien der Beginn ihrer Aggregation und Organisation ein.

Für diesen Prozess kann man sich sowohl rein individuelle als auch aggregierte Möglichkeiten der Partizipation vorstellen: Es könnten ausschließlich einzelne Bürger untereinander oder gesellschaftliche Gruppen oder politische Parteien in parlamentarischen Auseinandersetzungen bestimmen und festlegen.

2. Zum anderen müsste definiert werden, auf welche Art und Weise reglementiert werden soll. Da die Kommunikationspraxis zu einem erheblichen Teil durch Regeln geprägt wird, die nicht formalisiert sind, funktioniert sie ohne formalisierte Gesetze. Wäre es erstrebenswert, Reglementierungen immer gleich in Gesetzesform zu gießen?

Möglichkeiten der Partizipation und Reglementierung

Bei jedem politisch zu lösenden Problem stellt sich die Frage, wer und wie viele Menschen in die Problemlösung einbezogen werden sollten: Ist ein Großteil der Bevölkerung oder gar die gesamte einzubeziehen? Sollte das Problem ausschließlich von Fachpolitikern und Experten gelöst werden?

Es gibt einen Unterschied zwischen einer inklusiven Partizipation, mit der möglichst viele oder gar alle, und einer exklusiven Partizipation, mit der nur wenige einbezogen werden. Außerdem ist nicht im Vorhinein festgelegt, in welcher Form die Ergebnisse der Problemlösung fixiert werden sollten. Hierfür gibt es theoretisch mehrere Möglichkeiten:

Es könnten Gesetzestexte sein. Oder es könnten Texte sein, die keine Gesetze sind. Oder es könnten informale Arrangements und kollektiv geteilte Wertesysteme sein, die von vielen oder allen Menschen einer Gesellschaft praktisch anerkannt und als legitim erachtet werden.

Welche Richtung sollte man nun einschlagen, um den Streit um Political Correctness zu beenden, wenigstens zu befrieden? Die Antwort darauf ergibt sich, wenn wir uns in Erinnerung rufen, dass es eine *starke* und eine *schwache* Kritik gibt, die Vertreter der Political Correctness üben.

Üben Vertreter eine *starke* Kritik (unmittelbare Diskriminierung), dann sprechen sie damit implizit das an, was man Menschenwürde nennt. Diese ist bereits rechtlich fixiert und in einem rechtlichen Schutzsystem eingebettet. In diesem Fall müssen Experten, die das Schutzsystem decodieren und weiterentwickeln können, bei der Bearbeitung eines Problems als besonders wichtig gelten. Exklusive Partizipation und Gesetzestexte sind bei der *starken* Kritik zu beachten.

Üben Vertreter der Political Correctness hingegen eine *schwache* Kritik (Kritik von Lebensstilen), dann ist es schwieriger, wenn nicht gar aussichtslos, Lösungen in Gesetzestexte zu übersetzen. Für die Gegenstände der *schwachen* Kritik sind informale Arrangements die angemessene

Form der Fixierung. Und die inklusive Partizipation ist das Gebot der Stunde: Viel mehr Menschen als bloß Experten müssten beteiligt werden.

Lösungswege

Nun sind idealtypisch drei Wege denkbar, um ein Problem politisch zu lösen. Idealtypen kommen in der Realität nicht vor. Sie sind intellektuelle Konstrukte und Hilfsmittel. Wir nutzen sie an dieser Stelle, um zu zeigen, wie im Spannungsfeld von Partizipation und Reglementierung Konflikte zu einem guten Ende geführt werden können.

Dabei darf nicht vergessen werden, dass für eine rechtliche Reglementierung staatliche Institutionen der Gesetzgebung notwendig sind. Diese werden in der repräsentativen liberalen Demokratie durch Parteien besetzt.

Ein erster idealtypischer Lösungsweg ist dieser: Politische Parteien, die jeweils unterschiedliche Interessenträger repräsentieren, gießen Regeln in Gesetzesform, wodurch Forderungen von Vertretern der Political Correctness durchgesetzt oder nicht durchgesetzt werden. Das Beschreiten dieses Wegs ist vor allem dann naheliegend, wenn eine *starke* Kritik ein Problem sichtbar gemacht hat. Manchen könnte er aber auch für den Fall, dass eine *schwache* Kritik ein Problem hervorgerufen hat, attraktiv erscheinen.

Soll es eine Lösung ohne staatliche Restriktion sein, ist ein zweiter idealtypischer Lösungsweg ins Spiel zu bringen. Diesem zufolge verhandeln allein Bürger unmittelbar und punktuell miteinander, welche Regeln des Sprechens und der nonverbalen Kommunikation sie befolgen sollten, ohne diese zu formalisieren. Diese Regeln sind dann nicht allen bekannt. Irritationen sind daher nicht zu vermeiden. Es besteht ständig die Gefahr, selbst falsch verstanden zu werden oder andere misszuverstehen.

Ein dritter idealtypischer Lösungsweg ist der *republikanische*. Gesellschaftliche Gruppen einigen sich auf Regeln, die mal mehr, mal weniger formalisiert werden. Wird dieser Weg gewählt, wird keine exklusive Partizipation angestrebt, weil nicht nur Fachexperten und Politiker entscheiden sollten. Auch ist er nicht zwingend inklusiv, denn mit ihm lässt man zunächst offen, wer genau sich engagiert. Bürger bestimmen souverän selbst, ob sie in Anbetracht bestimmter Probleme politisch partizipieren möchten oder nicht.

Zudem werden die Regeln weder in Gesetzesform gegossen, noch sind sie nur den Aushandelnden bekannt. Die Regeln sind hier durch die gemeinsame Existenz legitimierte, kollektiv geteilte Regeln, die als Alltagsvereinbarungen von Gleichen die Gesellschaft maßgeblich organisieren.

Auf den ersten Blick scheint eine juristische Steuerung durch eine parteiliche Entscheidung innerhalb staatlicher Institutionen (erster Idealtyp) am effizientesten zu sein. Doch ist zu bezweifeln, ob solch eine Fixierung *von oben* den Streit beenden wird. Denn viele Regeln lassen sich eben nicht abstrakt durch die politische Legislative legitimieren, sondern müssen sich auch und vor allem in der Praxis bewähren.

Sollten die Regeln durch politische Parteien in einem Parlament formalisiert werden, müssten erlassene Gesetze die Regeln stark abstrahieren. Eine Überreglementierung von Sprache auf der Grundlage nicht alltagstauglicher Ideale wäre die Folge.

Letztlich würde es keine ernstzunehmende Debatte um Political Correctness mehr geben. Gleichzeitig würde die vollends verkünstelte und formalisierte Sprache es generell kaum noch erlauben, eine produktive Debatte zu führen.

Bedenkt man den informalen Charakter vieler kultureller Praktiken und die Tatsache, dass die Probleme nicht (extrem) partikularistisch (zweiter Idealtyp) oder parteipolitisch (erster Idealtyp) gelöst werden können, scheint die republikanische Variante (dritter Idealtyp) am vielversprechendsten zu sein, um den Streit zu befrieden.

Nicht vergessen: die Inventur

Der Vorschlag, die republikanische Variante in Betracht zu ziehen, ist mit einem anderen Vorschlag zu koppeln, den wir unterbreiteten, nämlich dem, eine Inventur von Routinen und Konventionen vorzunehmen. Die Inventur hat einige Vorzüge.

Da es zunächst bloß um eine Inventur und nicht um eine abschließende Entscheidung des Streits geht, kann die Kooperation nicht zu einem Gesichtsverlust einer der beiden Seiten führen. Im Gegensatz zum *Deadlock*-Fall heißt das, dass Kooperation zu beiderseitigem Vorteil möglich ist.

Im Zuge einer Inventur können Routinen und Konventionen einzeln und nicht in Hektik, sondern in Ruhe in Augenschein genommen werden. Dies kann die Grundlage dafür sein, nachhaltig festzustellen, ob sie beibehalten, angepasst oder ersetzt werden sollten.

Dabei müsste allen an der Inventur Beteiligten klar sein, dass dann, wenn sie sich nicht einigen und die Eskalation kein Ende zu nehmen scheint, unvermeidlich der Staat eine Position durchsetzen wird, die vielleicht nicht die eigene ist. Um die eigene Position nicht allzu schnell aufs Spiel zu setzen, sollten alle Beteiligten dazu bereit sein, Kompromisse nicht auszuschließen, sondern sich vielmehr auf sie einzulassen.

Der Grund dafür, sich auf Kompromisse einzulassen, besteht in der republikanischen Lösung darin, dass der Einheit aller Bürger, der Republik, ein Eigenwert zuzusprechen ist. Will man die Republik als Einheit der unterschiedlichen Menschen bewahren, weil man von der Notwendigkeit der Koexistenz überzeugt ist, dann ist man auch zu Kompromissen bereit.

Die ›Mohrenstraße‹ und die republikanische Lösung

Ob und wie die republikanische Lösung funktionieren könnte, möchten wir an einem Fall ausprobieren, den wir in der Einleitung erwähnten, nämlich an dem der Umbenennung der ›Mohrenstraße‹ in Berlin. Der Streit um die Namensänderung wurde mittlerweile gerichtlich entschieden.

Das Berliner Verwaltungsgericht wies am 6. Juli 2023 eine Musterklage gegen die Namensänderung ab. Der Historiker Götz Aly (*1947) hatte zusammen mit einer Bürgerinitiative auf dem Rechtsweg versucht, das Bezirksamt zu ersuchen, den im August 2020 durch die Bezirksverordnetenversammlung gefassten Beschluss zurückzunehmen, die Straße unverzüglich umzubenennen und keine weiteren Diskussionen oder Anhörungen etwa der Anrainer zuzulassen.

Die entsprechende Klage zielte auf verwaltungsrechtliche Probleme, bezog sich also nicht direkt auf das politisch begründete Urteil, welches die Änderung ermöglicht hatte.

Auf der einen Seite steht hier eine politische, durch die demokratischen Institutionen des Berliner Bezirks gefällte Entscheidung, mit der der Streit um den Namen der Mohrenstraße zugunsten der Political Correctness gelöst werden sollte. Auf der anderen Seite wollte eine Reihe von Anwohnern nicht ändern lassen und wies das moralische Argument der rassistischen Diskriminierung zurück.

Dieses schwerwiegende Argument ist, wie sowohl der Historiker Ulrich van der Heyden (*1954) als auch der klagende Götz Aly begründeten, infrage zu stellen.[29] Dies zeigt zumindest, dass es umstritten ist, ob das Argument in diesem Fall schlägt oder nicht schlägt.

Befürworter der Umbenennung auf der einen und Gegner auf der anderen Seite stehen einander weiterhin unversöhnlich gegenüber. Interessanterweise wiesen die Richter bei der Verhandlung der Musterklage auf den Umstand hin, dass die politischen Institutionen des Bezirks die Anwohner nicht in die Entscheidungsfindung einbezogen hatten.[30]

So konnte nur eine Seite *gewinnen*. Die Interessen einiger Anwohner blieben unberücksichtigt. Nun gibt es eine einseitige politische Lösung des Konflikts, die der unterlegenen Seite keinen Ausgleich bietet. Mit dem republikanischen Lösungsweg hätte dies vielleicht vermieden werden können.

Hätte man zuerst eine Inventur des Problems vorzunehmen versucht und wären Befürworter der Umbenennung, Anwohner und Stadthistoriker in Ruhe zusammengekommen, hätte der Streit vielleicht anders gelöst werden können.

Die Beteiligten hätten – getragen von der Einsicht, dass sie eigentlich von derselben Motivation der liberalen Freiheit angetrieben werden – zunächst der wichtigen These, dass der Straßenname diskriminierenden Ursprungs sei, auf den Grund gehen können.

Dann hätten sie jeweils normative Ansprüche geltend machen und abwägen können, was eine Namensänderung bewirken würde. Man hätte vielleicht Kompromisse finden können, etwa mit der öffentlichkeitswirksamen Platzierung von Hinweistafeln, um den Straßennamen zu erläutern, oder damit, den für einige Anwohner wichtigen Straßennamen zu belassen und dies mit einer Umbenennung des gleichnamigen U-Bahnhofs zu koppeln.

Die Produktivität der Inventur besteht vor allem darin, dass mit ihr verhindert wird, dass gleich *im Anbeginn* einer Auseinandersetzung die Maximalforderung der Intervention und die Maximalforderung, nichts zu tun, ungebremst aufeinanderprallen. Dies hätte es in dem genannten Fall wahrscheinlicher gemacht, die Herleitung der Diskriminierungsvorwürfe vorurteilsfrei zu prüfen.

Der Fall der ›Mohrenstraße‹ zeigt, wie eine Chance verpasst wurde, eine *für alle* Beteiligten akzeptable Lösung wenigstens zu suchen. Nicht nur in Anbetracht vieler umstrittener Straßennamen in Berlin und andernorts sollte genauer über den Einsatz der republikanischen Lösungsvariante nachgedacht werden, um Konflikte dieser Art beizulegen.

Dass wir mit dem republikanischen Lösungsweg keinen Vorschlag zu seiner Institutionalisierung unterbreiten, könnte irritieren: Bräuchte man in der liberalen Demokratie nicht neue Institutionen, um den Streit zu befrieden, der zum Kulturkampf geworden ist? Dies ist eine berechtigte Frage.

Man könnte uns vorwerfen, dass wir einen bloß idealistischen Ansatz verfolgen, der für die Theorie taugt, nicht aber für die Praxis und die Wirklichkeit des Kulturkampfs. Doch ist es aus unserer Sicht nicht ratsam, neue Institutionen zu schaffen. Grundsätzlich gilt weiterhin, dass die liberale Demokratie über funktionierende Institutionen zur demokratischen Willensbildung verfügt.

Weil der Streit um Political Correctness zum einen nicht mit der klassischen Weise, politische Interessen parteipolitisch zu organisieren, gelöst wurde, und zum anderen die Lösung eben nicht in neuen rechtlichen Regulierungen bestehen sollte, müssen sich die Menschen als Bürger mit dem Streit befassen. Eine Lösung, mit der darauf gesetzt wird, neue Institutionen zu schaffen oder existierende vermeintlich passgenau zu reorganisieren, würde das Problem nur verlagern.

Die Inventur als Element der republikanischen Lösung lebt von dem begründeten Interesse aller Bürger, Routinen und Konventionen offen zu prüfen, um ihre politische Koexistenz trotz aller Widersprüche zu sichern.

Anmerkungen

1 Vgl. dazu Knobloch/Widdau 2017, bes. S. 5–7.
2 Vgl. Reckwitz 2019, S. 31 ff.
3 Dusini/Edlinger 2012, S. 64.
4 Diederichsen 1995, S. 52.
5 Ebd., S. 55.
6 Forster 2010.
7 Tietz 2022, S. 18.
8 Diederichsen 1996, S. 188.
9 Hauser 1996, S. 15.
10 Diederichsen 1995, S. 53.
11 Diederichsen 1996, S. 17.
12 Polanyi 1985.
13 Vgl. Augstein 1988.
14 Diederichsen 1996, S. 83.
15 Vgl. Reckwitz 2000.
16 Lepenies 2006, S. 371.
17 Reckwitz 2017, S. 289.
18 Vgl. Mérö 2000.
19 Przeworski 2020, S. 171.
20 Jörke/Selk 2020.
21 Liu 2023.
22 Tocqueville 1985, S. 139 ff.
23 Bröckling 2017, S. 97.
24 Mau/Lux/Westheuser 2023, S. 248.
25 Reckwitz 2019, S. 245.
26 Manow 2020, S. 23.
27 Knobloch 2016.
28 Reckwitz 2019, S. 299.
29 van der Heyden 2020.
30 Bahners 2023.

Literaturhinweise

Augstein, Rudolf (Hrsg.): Historikerstreit: Die Dokumentation der Kontroverse um die Einzigartigkeit der nationalsozialistischen Judenvernichtung. München 1988.
Bahners, Patrick: Wie es dem Amt beliebt. In: Frankfurter Allgemeine Zeitung. 8. Juli 2023. https://faz-biblionet.de/faz-portal.
Bröckling, Ulrich: Gute Hirten führen sanft. Über Menschenregierungskünste. Berlin 2017.
Diederichsen, Diedrich: Wer ist die Gehirnpolizei? In: Spex 10. Oktober (1995) S. 50–55.
– Politische Korrekturen. Köln 1996.
Dusini, Matthias / Edlinger, Thomas: In Anführungszeichen. Glanz und Elend der Political Correctness. Berlin 2012.
Forster, Iris: Political Correctness / Politische Korrektheit. 15. 10. 2010. https://www.bpb.de/themen/parteien/sprache-und-politik/42730/political-correctnesspolitische-korrektheit/ (aufgerufen am 14. 8. 2023).
Hauser, Kornelia: Die Kulturisierung der Politik. ›Anti-Political-Correctness‹ als Deutungskämpfe gegen den Feminismus. In: Aus Politik und Zeitgeschichte 21–22 (1996) S. 15–21.
Jörke, Dirk / Selk, Veith: Theorien des Populismus zur Einführung. Hamburg 2020.
Knobloch, Jörn: Normativität und Know-how Politischer Ordnung. Weilerswist 2016.
Knobloch, Jörn / Widdau, Christoph Sebastian: Was ist und was soll Kulturkritik? Eine Einführung. In: Kultursoziologie 1 (2017) S. 4–11.
Lepenies, Wolf: Kultur und Politik. Deutsche Geschichten. München 2006.
Liu, Catherine: Die Tugendpächter. Wie sich eine neue Klasse mit Moral tarnt. Berlin 2023.
Manow, Philip: (Ent-)Demokratisierung der Demokratie. Berlin 2020.
Mau, Steffen / Lux, Thomas / Westheuser, Linus: Triggerpunkte. Konsens und Konflikt in der Gegenwartsgesellschaft. Berlin 2023.

Mérö, László: Spieltheorie und die Psychologie des Handelns. Hamburg 2000.
Polanyi, Michael: Implizites Wissen. Frankfurt a. M. 1985.
Przeworski, Adam: Krisen der Demokratie. Berlin 2020.
Reckwitz, Andreas: Die Transformation der Kulturtheorien. Weilerswist 2000.
– Die Gesellschaft der Singularitäten. Zum Strukturwandel der Moderne. Berlin 2017.
– Das Ende der Illusionen. Politik, Ökonomie und Kultur in der Spätmoderne. Berlin 2019.
Tietz, Udo: Wahrheit und Freiheit. Ein Versuch über Political Correctness, normativen Zwang und Meinungsfreiheit. Wien 2022.
Tocqueville, Alexis de: Über die Demokratie in Amerika. Stuttgart 1985.
van der Heyden, Ulrich: Die Umbenennung der Berliner ›Mohrenstraße‹ – eine Blamage. In: Berliner Debatte Initial 31 (2020) Nr. 4. S. 133–144.

Zu den Autoren

JÖRN KNOBLOCH (*1976), Privatdozent am Institut für Politikwissenschaft der Universität Leipzig mit den Schwerpunkten Politische Theorie, Wissenschafts- und Unsicherheitsforschung.

CHRISTOPH SEBASTIAN WIDDAU (*1983), Lehrkraft für besondere Aufgaben am Bereich Philosophie der Otto-von-Guericke-Universität Magdeburg mit den Schwerpunkten Ethik und Politische Philosophie.